끌리는 사람은
매출이
다르다

끌리는 사람은
매출이
다르다

1판 1쇄 펴낸날 2017년 11월 29일
1판 20쇄 펴낸날 2023년 2월 15일

지은이 김주하
펴낸이 나성원
펴낸곳 나비의활주로

책임편집 권영선
디자인 design BIGWAVE

주소 서울시 성북구 아리랑로19길 86
전화 070-7643-7272
팩스 02-6499-0595
전자우편 butterflyrun@naver.com
출판등록 제2010-000138호

ISBN 979-11-88230-21-1 03320

끌리는 사람은 매출이 다르다

김주하 지음

나비의 활주로

우리의 삶 자체가
원하는 것을 이뤄내는 과정이다

누군가 삶의 목표를 물으면 흔히들 자신이 목표로 하는 것을 이루는 것이라고 말한다. 그런데 막상 실제로 그것을 맞이하고 맞닥뜨리는 사람은 얼마 되지 않는 것이 사실이다. 자신의 뜻을 이루며 세상을 움직인 위대한 사람들에게는 한 가지 공통점이 있었다. 그들은 하나같이 세상을 움직이는 방법들을 미리 알고 행동으로 옮겼다는 것이었다. 나는 그것이 궁금했다. 그들이 어떤 힘의 원천에 의해 위대한 일을 할 수 있었는지 말이다.

왜 많은 사람들이 인생에서 원하는 것을 이루는 사람은 따로 있다고 믿게 된 것일까? 그리고 왜 실제로도 뜻을 이루는 사람이 있고, 또 이루지 못하는 사람이 있는 것일까? 그것은 일종의 생각 대물림 때문이라고 생각한다. 즉, 누군가의 영향을 받아 그렇게 된 것이다. 예를 들어 주변에서 "인생사는 게 얼마나 힘든 줄 아니? 돈 벌기는 또 쉬운 줄 아니?"라는 말을 계속해서 듣다 보면 그것들이 마치 사실인 것처럼 받아들이게 되는 것과 같다. 자신도 모르는 사이에 우리는 저마다의 '주문'을 외우고 있는 것이다.

앞서 말한 '자신의 뜻을 이루는 그들'은 어떠한 생각을 품고 살고 있었기에 원하는 뜻을 이뤄냈는지 사고방식이 궁금했다. 그들은 좀 전의 예시와는 상반되게도 "살다 보면 좋은 일도 많아. 그리고 세상엔 돈을 벌 거리들이 얼마나 많은 줄 아니?"라고 말한다.

물론 성공이라는 말이 돈을 뜻하는 것은 아니다. 자신의 목표를 이루며 행복의 짜릿함을 맛본 사람들, 그들의 영향을 받기 위해 그동안 나는 많은 사람들을 만나러 다니고, 책을 사보고, 리더십 강의를 듣고, 자기개발 프로그램에 참여하는 등 무던히도 많은 노력을 해왔다. 내가 그렇게 노력했던 이유는, 내 주변에는 "인생 사는 게 얼마나 힘든 줄 아니? 돈 벌기는 또 쉬운 줄 아니?"라고 말하는 사람들밖에 존재하지 않았기 때문이다.

우리는 누구나 주변 사람에게 영향을 받는다. 그것도 가까운 사람에게 말이다. 주변에 '교수'로 일하는 사람이 많다면 교수의 꿈을 꾸기가 쉬울지 모른다. 그리고 다른 사람에 비해 그 목표를 이루기도 비교적 쉬울 것이다.

내가 이 책을 쓰게 된 이유는 그간 알게 된 '잘되는 사람들의 비밀' 혹은

'관계의 비밀'들을 다른 사람들과 공유하길 원하기 때문이다. 나 스스로를 '위대한 사람'이라고 여기지는 않는다. 다만 위대한 사람들의 수많은 이야기들을 무던히 '파고 연구한 사람'이라고 생각한다. 당신이 이 책을 집어 든 순간 우리는 친구가 되었다. 우리는 지금부터 많은 것을 공유하게 될 것이다. 그리고 우리는 다른 사람들에 비해 '보다 수월하게' 인생에서 원하는 것들을 얻게 될 것이라고 나는 믿는다.

우리가 결국 이루려는 것은 무엇인가? 한 번뿐인 인생, 조금 더 행복하게 살다 가기 위함이 아닐까?

그렇다면 행복은 어디에서 오는 걸까? 행복은 적잖은 부분이 '원하는 것을 얻을 때' 온다. 그리고 그 원하는 것을 얻으려면 '여러 형태의 협상'을 익혀야 한다. 수많은 사람들이 더 나은 인생을 위해 오늘도 뼈에 사무치는 노력을 한다. 그럼에도 불구하고 사람들은 행복이 멀리 있다고 생각한다. 나는 그것들이 이 책의 '수많은 사례 속에 나와 있는 기술'을 익힘으로써 상당 부분 좋아질 수 있다고 믿는다.

그렇다면 협상이란 무엇일까? 많은 사람들이 '협상'이라는 단어를 떠올리면 꽤 거창한 것들을 생각한다. 기업 간의, 개인 간의, 혹은 나라 간의 협상 등 말이다. 하지만 나는 '우리의 삶' 그 자체가 모두 협상이라고 생각한다.

우리는 매 순간 더 나은 길을 모색한다. 주변 사람들과의 관계에서도 마찬가지겠지만, 주변에 아무도 없는 그 순간에도 우리 스스로의 생각과 대화를 나눈다. 그렇게 우리는 자기 자신과도 매일 협상 중인 것이다. 하다못해 일상에서 사람들과 식사할 때 내가 먹고 싶은 것으로 메뉴를 선정하는 일부터 사업상의 일들, 국가의 지도자를 뽑는 선거에 이르기까지 협상 과정을 거친다.

이 능력을 키우면 무엇이 좋아질까? 내가 원하는 바를 이룰 수도 있지만, 놀랍게도 대인관계가 좋아지고, 커뮤니케이션 능력이 좋아진다. 왜냐하면 인생 자체가 그것들의 연속이고, 사업은 결국 사람이 하는 것이며 고수들은 이미 이 능력의 달인이기 때문이다. 그렇다면 우리도 특정 인물들만 알고 있는 사람들의 심리나 사고방식을 함께 알아야 하지 않을까? 동시대를 살아가면서 누군가는 알고, 누군가는 알지 못한다면 이 얼마나 공평하지 못한 일인가. 그래서 이 책에는 많은 예시를 담아 그들이 왜 잘될 수밖에 없었는지, 어떻게 해서 주변에 사람들로 넘쳐난 건지 그 비밀을 풀어보고자 했다.

사람들을 감동시키거나 공감을 불러일으키는 것은 모두 의사소통을 통해 만들어낸 일종의 합의, 즉 협상에 의해 만들어진다. 그런 의미에서 협상은 전혀 딱딱한 개념이 아니다. 오히려 삶을 윤택하게 만들고 질적인 성장을 이루어주는 매우 따뜻하고 센스 있는 단어다.

우리는 모두 현명하다. 행복한 인생들의 중요한 힌트를 독자들이 이 책을 통해 얻을 수 있기를 기대해본다.

김주하

CONTENTS

1장
나도 인생에
획 한번 그어보고 싶다

2장
현재 상황에서
원하는 것을 얻는 기술

3장
누이 좋고 매부 좋은
공생의 법칙

5장
우리는 모두 원하는 것을
이룰 수 있다

4장
이것만 바꿔도
인생이 바뀐다

나도 인생에 획 한번 그어보고 싶다

인생에서 무언가를 성취하며 이뤄낸 그들은 하나같
이 이 기법의 달인이었다. 때로는 그것을 자신에게
적용하기도 하고, 때로는 타인에게 적용하기도 하며
만족감 있는 삶을 살아간다. 당신이 어디에 있든 어
떤 상황이든, 우리는 모두 조금 더 만족스러운 삶을
살 수 있다. 이 기법을 장착할 수 있다면 말이다. 그
리고 이제는 당신 차례다.

NEGOTIATION

현재의 태도가
미래를 결정한다

지인 중 한 분이 직원의 차를 타고 주유소에 기름을 넣으러 갔다고 한다. 그 직원은 초보 운전자라 운전이 서툴다 보니 어떻게 진입해야 할지 난감해했다. 보통의 주유소 직원들이라면 이쪽으로 오라고 그냥 손짓으로 안내를 했을 것이다. 하지만 이 주유소 아르바이트 학생은 환하게 웃으면서 춤을 추듯 팔과 다리, 허리까지 움직이며 어느 쪽으로 핸들을 돌려서 들어와야 하는지에 대한 신호를 온몸으로 표현했다. 과장된 몸짓에 웃음이 났고, 나의 지인은 그 아르바이트생을 '결코 잊을 수 없는 사람'으로 기억하고 있다.

그 지인의 회사에는 감나무가 있었는데 늘 감이 나무 아래에 주차한 직원의 차에 떨어져 차 상태가 말이 아니었다. 보통은 차가 왜 이렇게 더러운지 부정적인 말투로 질문을 하는데 이 아르바이트 학생은 기름을 다 넣고 거스름돈을 주면서 "와, 차에 폭탄 맞았네요, 하하하"라고 웃으며 이야기를 했다. 그 별것 아닌 얘기에 "그러게요, 저희 회사 감이 제 차만 좋아하나 봐요"라고 같이 웃으며 가벼운 이야기를 하니 사람과 사람 사이의 따뜻한 정이 느껴지는 것 같았다고 했다.

어학원 쪽 사업을 하는 이 지인은 차에 타고 있던 직원들에게 방금 주유소에서 혹시 느낀 점이 있는지 물어보았다. 그러자 직원들은 "참 친절하신 것 같아요" 정도로 얘기를 했다. 그때 그분은 직원들을 향해서 이런 말을 했다.

"나도 예전에 주유소에서 일했었는데, 그게 벌써 15년 전이네요. 방금 저 학생은 손님이 뭘 좋아할지를 알고 있는 것 같아요. 그리고 그에 맞게 행동했지요. 그 작은 차이로 한 번 더 눈이 가게 만들었고, 우리를 웃게 했어요. 사람은 무슨 일을 하는지가 아니라 어떤 태도로 임하는지가 중요한 것 같아요."

주인의식을 가지고 아르바이트를 한 그 학생도 멋있고, 그 찰나의 상황에서 저런 교훈을 얻은 그 지인도 참 멋지다고 생각했다. 그리고 난 생각했다. 그 주유소 아르바이트 학생의 15년 뒤는 어떤 모습일지 궁금하다고 말이다.

지금으로부터 10년도 더 오래전에, 팁과 급여를 합쳐 월 500만 원도 넘게 돈을 벌었던 한 대학교 아르바이트생을 나는 기억한다. 고급진 일식집도 아니고, 팁 문화도 없었던 횟집에서 자신만의 스타일로 월급과 팁을 받았던 앳된 여자 아르바이트생이었다. 수많은 아르바이트 직원이 있었지만 'only', 오직 그녀만 그런 기록을 가지고 있었다. 이제 그녀의 이야기를 해보려고 한다.

그녀가 남달리 팁을 받을 수 있었던 이유는 늘 손님에게 관심을 기울이고 있었기 때문인 것 같다. 그리고 아르바이트생임에도 더 많은 급여를 받을 수 있었던 이유는 가게의 매출을 올리기 위한 노력을 인정받았기 때문이다.

맞다. 내가 말하는 그녀는 다름 아닌 바로 '나'였다. 더불어, 나는 2010년도부터 사람들의 발전과 매출을 함께 향상시키는 조금은 특별한 일을 하고 있다. 그리고 나는 이 일에 있어서 어느 정도 가시적인 성과를 보고 있다. 스스로의 변화를 꿈꾸는 사람들에게 나는 이렇게 말하고 싶다.

"매사에 정성을 다하라. 그리고 자신이 어디에 있든 최선을 다하라."

그렇다면 정성을 다한다는 것은 무엇일까? 아마도 정성을 다한다는 건 내가 속한 바로 그 자리에서 내가 만나는 사람들을 애정의 눈

으로 바라보고 행동하는 것이 아닐까? 그러면 신기하게도 누군가는

날 보고 있고 인정을 받으며 또 다른 기회가 생기는 것 같다.

인생에서 무언가 이루고 싶다면,

나의 일이 대단한 것이 되도록, 나의 태도를 점검하라!

꽃뱀 잡는 땅꾼 변호사 vs 그냥 변호사

사람들은 특화된 것을 더욱 선호하는 경향이 있다. 누구에게나 두루두루 좋은 것보다 나에게 딱 필요한 것을 좀 더 선호한다. 예를 들어 바퀴벌레 잡는 약을 사러 마트에 갔는데 동일한 가격에 A 상품은 바퀴벌레, 진드기, 개미 등등 세상의 모든 벌레를 잡아준다고 광고하고, B 상품은 다른 건 몰라도 바퀴벌레만은 확실하게 남김없이 잡아준다고 광고한다면 당신은 어떤 상품을 고르게 될까?

한 사람이 하나의 분야만 파고들면 전문지식을 더 많이 알고 해결해줄 것이라는 믿음이 생긴다. 우리는 누구나 자기만의 전문성을 만들어낼 수 있다. 하나만 파면 된다. 그리고 이를 통해 짧은 시간 안에 상대의 마음을 사로잡아야 한다.

꽃뱀만 전문으로 잡는 변호사가 있다. '땅꾼 변호사'라고 불리며 승률도 좋은 편이다. 만약 일명 '꽃뱀'에게 피해를 봤다면 상속, 폭행, 사기, 이혼 등 모든 법률 사건을 처리해주는 만능 변호사에게 맡기겠는가? 아니면 '꽃뱀 잡는 땅꾼 변호사'라는 전문가 직함을 달고 활동하는 변호사에게 맡기겠는가? 당연히 후자일 것이다. 꽃뱀 전문 변호사이니까 그쪽에 특화된 지식과 경험이 많을 것으로 믿고 신뢰할 수 있기 때문이다. 그래서 요새는 성형외과 중에도 '쌍꺼풀 수술만 하는 병원', '코 수술만 하는 병원'과 같이 컨셉을 잡고 집중홍보 하는 병원이 많이 생겨나고 있는 것이다.

만약 우리에게 레오나르도 다빈치의 천재성이 없다면, 삼성전자의 자본력이 없다면 답은 정해져 있다. 좁은 분야에 힘을 집중해서 전문성을 키워야 한다.

전문성은 타고나는 것이 아니라 만들어진다. 우선 자신의 이름 앞에 자신을 한마디로 정의할 수 있는 문구를 붙여보자. 이것을 브랜딩에서는 '태그라인tagline'이라고 한다.

예를 들어 베스트셀러 《나는 아내와의 결혼을 후회한다》의 저자 김정운 교수는 '여러가지문제연구소장'이라는 태그라인을 쓰고 있다. 명강사 김창옥 교수는 '대한민국 1호 보이스컨설턴트'라는 태그라인을 쓰고 있다. 당신의 전문성을 보여줄 수 있는 태그라인은 무엇인가? 당장 지금부터 고민해보자.

옛날 영화지만 〈주유소 습격사건〉을 보면 "난 딱 한 놈만 패!"라는 대사가 나온다. 범위를 좁힐수록 힘은 집중된다. 보통 햇빛은 빨래를 말리는 정도이지만, 돋보기로 모은 햇빛은 종이도 태울 수 있다. 선택과 집중을 하려면 모든 것을 다 하려는 욕심을 버려야 한다. 우리는 누구나 전문인이며 협상가라는 사실을 기억하자.

☑ 한 줄 POINT

인생에서 무언가 이루고 싶다면,

나만의 강력한 무기를 만들어라. 그러면 어떤 상대와 겨뤄도 두렵지 않다!

미쳤다는 소리 들어야 세상을 바꾼다

인생에 있어서 최대의 불행은 자신의 가치를 모르고 살아가는 것이다.

흔히 사람들은 누군가에게 도움이 된다는 느낌이 들 때 비로소 자신의 존재감을 확인하게 된다. 특히나 남들과 다르게 생각하다 보면 남다른 결과를 낳기 때문에 자존감이 더욱 높아질 수밖에 없다. 그러려면 무엇보다 남들과 다르게 생각해야 한다.

내가 대표를 맡고 있는 협회의 수강생 중에 원래 빌라를 짓는 분인데, 강아지를 키우는 사람들만 사는 소위 '개 빌라'를 만들어 대박이 난 사람이 있다. 그는 강아지의 대소변 냄새가 밸 걱정도 없고, 강아지들이 행여 미끄러져 탈골되는 일도 발생하지 않도록 인테리어에 힘을 쏟았다. 또 강아지를 안 키우는 사람들은 이웃에서 강아지를 키우는 것에 대한 반감도 큰데, 그 빌라에서는 모두가 강아지를 키우기 때문에 강아지가 짖어도 허용해주고 이해해주는 분위기가 형성되었다. 이에 사람들은 몇천만 원이 더 들더라도 매매할 의향을 보였다. 국내 최초의 개 빌라는 지금 없어서 못 팔 정도로 잘 팔리고 있다.

2010년 말쯤, 보험브리핑 관련 일을 하는 사람에게 컨설팅을 해준 적이 있다. 회사나 기관에서 점심시간에 사람들을 모아주면 도시락을 돌리거나 선물을 주고 보험을 판매하는 일을 한다고 했다. 그런데 경쟁업체들에서 모두 그런 방법을 쓰기 때문에 회사 섭외가 잘 안 된다며 상담을 요청해왔다.

섭외가 잘 안 되는 이유는 뻔했다. 보험을 파니까 당연히 싫은 것이었다. 도시락이나 선물을 준다 해도 싫은 건 어쩔 수 없었다. 그래서 생각을 바꿔 그 사람들이 좋아하는 것을 해보자고 제안을 했다.

당시에 나는 자기개발 삼아 CS강사 자격증(서비스강사 자격증)을 따러 다녔었는데 초보 강사인 경우 강사료도 적을뿐더러 경력을 쌓기 위해 공짜로라도 강의해주는 강사들이 많다는 것을 알았다. 그래서 그들과 연계해보면 어떨까 하는 아이디어를 낸 것이다. 지원교육은 명분도 좋고 회사에도 도움이 되기 때문이었다. 그래서 도시락이나 선물을 사는 대신 사내교육을 해줄 수 있는 그들과 동행하는 방법을 권한 것이다. 결과는 상당히 좋았다.

그러자 동종업계에서 우후죽순으로 이런 패턴을 따라 하기도 했다. 몇 년이 더 흐르자 약간 변형하여 웃음치료 강사, 재테크 강사를 데리고 다니는 업체도 있었다. 이렇듯 사람들은 식상한 것에는 관심을 갖지 않고, 색다른 무언가에 반응하고 몰린다. 아무리 불경기라고 하지만 그 속에서 호황을 누리는 사람들은 분명 있다. 그저 남들이 하는 그대로 따라가기만 하면 발전은 요원한 일이 될 것이다. 항상 차별화를 꾀하고, 다르게 보고 다르게 생각해야 남다른 성공을 거둘 수 있다.

부동산 중개업자들은 대부분 계약이 다 끝난 뒤에야 돈을 받는다. 그런데 계약하기 전에 돈을 받아 성공을 맛본 사람이 있다. 1차 상담 비용 50만 원, 가격이 오를 만한 집을 세 번 함께 보러 가는 스터디 비용 200만 원. 적지 않은 돈 같지만, 사람들은 흔쾌히 그 돈을 낸다. 왜냐하면 투자 목적으로 집을 살 때 안목이 있어야 큰 이문을 남길 수 있기 때문이다. 그리고 실제 계약 시에도 선뜻 찾아간다. 선순환이 이어지는 것이다.

나는 아주대 박경철 선생님의 강의를 좋아한다. 이분 강의시간에 들은 말 가운데 인상적인 문구가 있다.

"(영감이 있는 0.1%의 사람과 그것을 알아보는 0.9%의 사람) 즉, 1%의 사람이 세상을 바꾸고 나머지 99%의 사람들은 갈수록 세상이 좋아진다고 말한다."

세상을 달리 보는 0.1%의 사람 '헨리 포드'가 처음 자동차를 만 들려고 했을 때 사람들은 모두 그를 미친 사람 취급했다고 한다. 기차를 타면 저렴하게 많은 사람들이 이동할 수 있는 반면, 네 명밖에 탈 수 없는 값비싼 자동차를 누가 타고 다니겠느냐고 말이다. 그런데 당시 동네 건달이었던 한 청년이 그 얘기를 듣고 '저거 돈 되겠다' 싶어 그 시장에 뛰어들 방법을 고민한다.

모두가 자동차의 효율성과 경제성에 의문을 품고 있을 때 동네 건달이었던 한 사람만이 주유소를 운영하기 시작했다. 그 건달은 바로 세계 최고의 부자라 불리는 '석유왕 록펠러'였다. 그렇게 포드 T형 자동차가 '대량생산' 된 후 그는 1940년대 미국 전체 주유소의 95%를 독점했다.

이런 일례는 역사 속에서 계속해서 반복된다. 처음 컴퓨터가 나왔을 때, 삐삐 대신 휴대전화가 나왔을 때 등등 모든 역사가 그렇게 흘러간다. 0.1%라고 불리는 사람들은 계속해서 새로운 것을 만들려고 하고, 대부분의 사람들은 처음엔 그것을 안 된다고 부정한다. 그리고 그 진가를 발견한 0.9%의 사람들이 따라가면서 같이 부자가 되고, 그 후에야 나머지 99%의 사람들이 말하기를 "세상 참 좋아졌다"고 한다.

세상을 보는 이색적인 눈을 가져야 한다. "우와, 세상이 좋아졌네!"라고 놀라기만 하지 말고 남과 다르게 생각해야 다른 결과들을 만들 수 있다.

아인슈타인은 이렇게 말했다.

그의 말처럼 관점을 달리해 스스로를 개척할 수 있는 능숙한 협상가가 되어야 한다.

수강생들이 해준 말 중 내가 좋아하는 말이 있다. "스킬을 배우러 왔다가 인생을 배우고 간다"는 말이 그것이다. 실제 우리 협회에서 교육을 받은 수많은 사람들은 스스로의 관점을 변화시켜 기름이 펑펑 나오는 유전을 개발하고 있다. 소위 말하는 억대 연봉이 아닌 '월 순수익이 억대'인 사람들. 그런 사람들의 모임인 '월억회'가 실제로 우리 협회 내에 존재하고, 한 달에 순수익으로 10억을 버신 분도 소수이긴 하지만 몇 분 있다. 세상에 그보다 훨씬 더 돈을 잘 버는 사람들도 많겠지만, 개인브랜딩으로 성공했다는 점에서 높은 점수를 받아야 한다고 생각한다.

물론 돈의 축적이 성공의 전부가 아니라는 것은 나도 알고 있다. 그런데 전부는 아닐지라도 재정적 자유를 누리는 것은 성공의 단면을 보여주는 하나의 멋진 그림이 되기도 한다. 우리는 모두 자신만의 유전을 찾을 수 있어야 한다.

SNS에서 화제가 된 하상욱이라는 시인이 있다. 그의 시는 보통 한 줄짜리다. 마지막에 결론지어지는 것들이 재미있다. 예를 들자면 이

이거 받자고
내가 그동안

-'적립 포인트' 중에서

나한테 네가
해준 게 뭔데

-'수수료' 중에서

옮겨 봐야
그게 그거

-'마트 계산 줄' 중에서

믿어야 하나
말아야 하나

-'거의 다 왔어'
중에서

서로가
소홀했는데
덕분에
소식 듣게 돼

-'애니팡' 중에서

내면을 바라봐
외모에 속지 마

-'덜 익은 삼겹살'
중에서

렇다.

그의 시는 네티즌들의 열광적인 지지와 공감을 얻으며 삽시간에
퍼졌다. 사실 그의 시는 기성 시인들의 시와 전혀 다르다. 일부 진지
한 사람들은 '그게 시냐', '너무 장난스럽다'고 비판하기도 하지만 그
는 자신만의 솔직하고 재치 있는 문체로 SNS를 점령하고, 결국 〈무한
도전〉에까지 출연하는 유명인사가 되었다. 요즘 같은 시대에는 제2
의 김소월이 아닌 제1의 하상욱이 되어야 한다. 사람들의 기억 속에

남고 싶다면 남과 달라야 한다. 그것이 바로 이 시대를 살아가는 협상가의 모습이다.

☑ **한 줄 POINT**

인생에서 무언가 이루고 싶다면,
남과 다른 나만의 강점을 찾아라. 그러면 협상이 수월해진다!

당신이 이 기술을
꼭 익혀야 하는 이유

흔히 '협상'이라고 하면 거창한 것들을 떠올린다. 그러나 일상 속에서 우리는 늘 협상을 하고 있다. 물건을 사고팔 때, 가족관계, 친구 관계, 직장생활 등 협상이 존재하지 않는 곳은 어디에도 없다. 특히 우리와 직접적으로 이해관계가 맞닿아 있는 일상에서의 협상, 즉, '생활 협상'은 우리가 필히 관심을 가져야 할 부분이다. 예를 들어 자녀가 학교에 안 간다고 투정을 부린다거나, 어떻게 하면 부모님에게서 용돈을 더 받을 수 있을지 고민될 때, 혹은 배우자를 설득해 여행을 가고자 하는 일들에 이르기까지 협상을 할 상황은 우리 주위에 널려 있다.

삶에서 협상은 늘 우리의 주된 관심사다. 그리고 효과적인 협상을 통해 우리는 상대를 이끌고, 내가 원하는 것을 얻을 수 있다. 협상은 비즈니스 목적을 이루기 위한 전략으로 쓰이기도 하지만, 인생 자체에서 윤활유 역할을 하는 '인생의 기술'이기도 하다.

☑ 한 줄 POINT

인생에서 무언가 이루고 싶다면,

당신의 삶 자체를 바꿀 협상의 법칙을 이해하라!

한 달 만에
매출이 30배?

아마도 이 책을 쓰고 있는 나에 대해 독자들이 궁금증을 가질지도 모르겠다. 사실 나는 인터넷에 쳐보면 나오겠지만 교육기관을 운영하는 사람이다. 우리 수강생들 사이에서는 '주하효과'라는 말이 있는데, 정말 감사하게도 내가 손을 대면 매출이 오른다고 하여 내 이름을 따서 생긴 이름이다. 사실 '주하효과'라는 단어가 생긴 데에는 나름의 스토리가 있다.

2011년, 내가 소속된 협회의 수강생 중에 애완견 훈련 분야의 경력이 많은 어떤 분이 있었다. 그는 국내에서는 보기 힘든 애완견 분야의 전문가였다. 이미 이 분야에서는 타의 추종을 불허할 정도의 능력이 있는 분이었지만, 아직 대중에게 알려지지는 않은 시기였다. 훈련법은 강아지와 보호자 모두가 행복해지는 방법이었고, 우리는 이것을 세상 사람들이 많이 알아야 한다고 생각했다. 그분의 사상과 훈련법이 방송에 나가자 많은 호응을 얻었고, 조언을 얻으려는 사람들이 많아졌다.

그분은 하루 종일 사람들을 상대하기가 힘들 정도로 바빠지자 동영상을 제작했다. 당시 59만 원, 79만 원, 99만 원으로 가격이 설정된 인터넷 강의였다. 동영상 내용은 똑같은데 한 달을 보느냐, 3개월을 보느냐, 6개월을 보느냐의 차이였다.

직접 방문하기 힘든 사람들도 공부할 수 있도록 좋은 취지로 만들어졌으나, 한 달에 몇 명 정도만 등록할 뿐 생각보다 관심이 저조했다. 그러던 중 누군가 보름 동안 뚝딱뚝딱 무언가를 만들고 여러 가지 노하우를 접목시키자, 한 달 동안 등록한 사람의 수가 기하급수적으로 늘었다. 영상 매출로만 따졌을 때 단숨에 30배가 올랐다.

맞다. 한 달 반이라는 짧은 시간 안에 30배가 넘는 수익을 거둘 수 있게 도와준 '그 누군가'는 바로 나였다. 그때 이후로 대표님의 와이프분이 내게 붙여준 별명이 '주하효과'였다.

나는 그 분야를 잘 알지는 못했지만, 대표님의 전문성과 능력을 사람들에게 전해주고 싶었다. 그것이 말이든 시스템이든, 최고의 전문가임을 사람들에게 인식시켜준 뒤로 그 회사에는 더욱 긍정적인 후기들이 많이 올라왔다. 훈련을 통해 강아지가 몰라보게 좋아진 경우가 많으므로 앞으로도 그 회사는 더욱 승승장구하게 될 것이다.

책에 모든 내용을 풀어쓸 수는 없지만, 당시 여러 가지 것들을 시스템적으로 만들었고, 그렇게 만들어진 회사는 변화를 거듭해 오늘날까지 잘 발전하고 있다. 지금은 비록 그 회사와 직접적인 관련이 있지는 않지만, 마음속 깊이 뿌듯함을 느끼고 있다. 그렇게 생긴 주하효과는 그 이후로도 꽤 많은 사람들의 성공 스토리를 이끌어내고 있다.

앞에서 말한 '월억회(한 달에 1억 이상 버는 사람들의 모임)' 외에도 꾸준히 자신의 월 매출 기록을 계속해서 갱신하고 있는 자랑스러운 분들이 많다. 적자에서 월 수익 9,800만 원을 달성한 젊은 변호사님, 매출이 네 배 성장해 월 8,000만 원의 수익을 올리시게 된 식자재 사장님, 수익이 꾸준히 늘어 한 곳을 더 확장하신다는 피부숍 원장님, 비슷한 사례로 두피숍을 한 군데 운영하다가 지금은 네 군데로 확장하신 분 등 수많은 성공 사례를 옆에서 돕고 있는 것이 나의 보람이다.

여기까지만 들으면 '주하효과'가 마치 돈에만 초점을 맞춘 것이라고 생각할 수 있다. 하지만 놀랍게도 수강생들에게 '주하효과'가 무엇이냐고 묻는다면 하나같이 이렇게 대답할 것이다. 주하효과는 '바른 인생관'을 말하는 것이라고. 여기서 말하는 '바른 인생관'이란 무엇일까? 쉽게 말해 살아가면서 덕을 쌓자는 말이다. 내가 만나는 사람들이 원하는 것이 무엇인지 고민하고 그들에게 내가 줄 수 있는 것을 주려고 노력하는 것이다. 그러다 보면 자연스레 내 주변에 사람들이

모이게 될 것이고, 그것은 곧 내 인생과 사업 번창에도 긍정적인 영향을 미치게 된다.

이는 나 또한 노력하는 부분인데, 아무리 현재 잘되더라도 결국 사업은 사람이 하는 일이기 때문에 '바른 인생관'이 바탕이 되지 않으면 대개 오래가지 못하는 경우가 많다.

종종 부부 사이가 좋아졌다거나, 부모님과의 사이가 좋아졌다거나 하는 이야기를 들을 때 나는 정말 뿌듯하다. 이유는 커뮤니케이션 능력을 키우면 그것이 일상 속에서 수많은 협상의 씨앗이 되기 때문이다.

결국, 협상의 맥은 비슷하다. 협상을 연구하는 사람으로서 수강생으로 오신 경영인분들이나 한 분야의 전문가분들이 "덕분에 많이 바뀌었다"라는 말씀을 하시면 가슴이 뜨거워진다. 생활 협상가로서의 나의 역할이 더 의미 깊어지는 순간이다.

✔ 한 줄 POINT

인생에서 무언가 이루고 싶다면,
바른 인생관을 바탕으로 협상 능력을 키워라!

그가 대통령이
될 수 있었던 이유

"아버지가 없다는 게 얼마나 힘든 일인지 잘 알고 있습니다. 가정에 남자 어른이 없다는 건 가슴에 큰 구멍이 뚫리는 것 같죠. 그래서 오래전 그 악순환을 깨기로 결심했습니다. 될 수 있다면 내 아이들에게 좋은 아버지가 되기로 말입니다."

두 살 무렵부터 백인 홀어머니 밑에서 자란 버락 오바마가, 아버지의 빈자리가 남긴 상처에 대해 어렵사리 입을 열었다. 미국의 '아버지의 날'을 맞아 시카고의 흑인 교회에서 한 연설에서다. 오바마의 자서전 《내 아버지로부터의 꿈》에 살짝 드러나 있듯이 오바마의 성공에 대한 강렬한 동기는 '아버지의 부재'에서 비롯되었다. 놀랍게도 버락 오바마를 비롯해 클라라 바턴, 알버트 슈바이처 박사, 마틴 루터

킹 목사, 헬렌 켈러, 마하트마 간디, 프랭클린 루스벨트, 윈스턴 처칠 경, 테레사 수녀 등 전 세계적으로 위대한 지도자 300명 중 25%가 과거에 심리적 아픔을 겪었다고 한다. 그들 중 50%는 어린 시절 학대를 받았거나 빈곤한 상태였다. **중요한 것은 상황이 아니라 주어진 상황을 바라보고 대처하는 자세다.** 모두가 성공할 수는 없지만 우리는 누구나 성장할 수 있다. 우리를 끊임없이 성장하도록 만드는 것은 바로 상처다. 상처는 성공의 밑거름이 된다. 이런 이야기를 꺼내는 것은 당신이 과거에 상처를 받은 적이 있다면 그것에서부터 자유롭기를 바라기 때문이다.

나의 상처가 '나의 친구인 당신에게 도움이 될 수 있다면' 하는 바람으로 나의 상처와 그로부터 자유로워진 이야기를 꺼내보려 한다. 어릴 때 엄마는 준비물 값을 늘 반만 주곤 하셨다. 2천 원이 필요하면 천 원만 주는 식이었다. 왜 천 원만 주냐고 물어보면 엄마는 빌려서 쓰거나 아빠에게 돈을 타 쓰라고 하셨다. 당시 부모님은 사이가 좋지 않았는데, 엄마는 아빠에 대한 불만을 그런 식으로 표현하셨던 것 같다. 당시 건축 일을 하시던 아빠는 집에 잘 들어오시지 않았다. 아빠는 늘 밖에서 돈을 다 써버리고, 차도 상의 없이 사버리곤 하셨다. 엄마는 나를 통해 아빠가 집에 좀 더 신경을 쓰길 바라셨던 것이다.

그런 집안 분위기 탓에 나는 중2 때부터 아르바이트를 시작하게 되었다. 나는 준비물이든 간식이든, 사기 위해 용돈이 필요했다.

그나마 다행이었던 건 내가 어떤 일이 있어도 밝은 아이였다는 것이다. 중학교 졸업식에서는 교단에 올라가 '스마일상'이라는 것을 받기도 했다. 엄마는 그런 나를 보고 놀랐다. 성적으로 받은 우등상도, 개근상도 아닌 잘 웃는 걸로 상을 받느냐고 말이다. 재미있는 건 그런 엄마 역시도 잘 웃는다는 사실이다.

사이가 좋지 않았던 부모님은 아버지의 외도로 인해 결국 이혼을 하셨다. 아버지가 가방 하나를 들고 떠나시던 그 날을 나는 아직도 잊을 수가 없다. 떠나가는 아빠를 애타게 부르며 쫓아가 계속 함께 살면 안 되냐고 아버지에게 매달려 엉엉 울었다. 내가 말도 더 잘 듣고 집에 더 잘하겠다고 말이다. 그러니 떠나지 말고 엄마랑 같이 살자고 울며 말했다. 아버지는 나를 한 번 세게 안아주시더니 "미안하지만 엄마랑 행복하게 잘 살아라"라는 말만을 남긴 채 그렇게 떠나셨다. 바로 내 눈앞에서 집을 나가버리신 아버지. 그 마지막 뒷모습을 아무것도 하지 못한 채 바라볼 수밖에 없었다는 것이 마음 아팠다. 이후 이혼의 충격으로 일 년 넘게 누워만 계시는 어머니를 어떻게라도 먹여 살려야겠다는 생각으로 나는 아르바이트의 시간을 늘리고 인정을 받기 위해 전심을 다해 일했다.

이 책의 뒷부분에도 이따금씩 아버지에 대한 이야기가 나올 정도로 아빠와 엄마의 결별로 생긴 마음속 응어리는 어린 시절 나의 삶에 지대한 영향을 주었다. 지금은 웃으면서 그때의 이야기를 할 수 있게 되었지만, 불과 몇 년 전까지만 해도 나는 그 이야기를 꺼내기조차 싫어하는 사람이었다. 왠지 창피하기도 하고, 그때의 기억이 또다시 떠오르기 때문이었다.

그렇다면 트라우마는 부정적 영향만을 주는 것일까? 나는 그렇지 않다고 생각한다. 지금 돌이켜보면 그런 아버지가 계셨기 때문에 유난히 열심히 살게 되었고, 사람들의 사랑을 받으려 노력하게 되었기 때문이다. 집안이 만약 화목했다면 어머니를 꼭 호강시켜드려야겠다는 강한 의지나, 고생을 감내해가며 성공하고 싶다는 강렬한 동기가 없었을 것 같다. 그래서 나는 이제 그것이 아버지가 내게 남겨주신 유산이라고 생각한다.

그리고 그 덕에 부모님이 없는 아이들에 대한 꿈도 생겼으니 이 자리를 빌려 나를 낳아주신 아버지에게 감사드리고 싶다. 읽어주실지 모르지만 말이다.

자신과 협상할 수 있는 방법은 자신이 가진 트라우마에 대한 인식을 바꾸는 것이다. 상처로 남은 트라우마는 평생을 따라다니며 나를 괴롭힐 수 있는데, 외면한다고 그 기억이 없어지지는 않는다. 지워지지 않는 기억들을 외면하기보다는 '왜 나에게 그런 일들이 생긴 것일까' 되새겨보며 긍정적인 이유로 재조명하는 것이 진정한 나와의 협상인지도 모른다.

어느 날 "마음이 웃어야 얼굴이 웃는다"고 말씀하시는 대한민국

최초의 웃음 치료사이신 한 소장님이 물으셨다. "주하 씨에게 왜 그런 경험을 하게 한 걸까?"라는 질문이었다. 순간 눈물이 왈칵 쏟아졌다. 나에게 이런 경험을 하게 한 이유라니…, 그런 건 한 번도 생각해보지 않았는데 그저 영문 모를 눈물이 계속 흘렀다. 그렇게 잠시 말을 잇지 못하다가 문득 이런 생각이 들었다. **만약 내가 꼭 겪어야 했던 일이라면 왜 그런 일을 겪게 하셨을까? 아마도 '이다음에 나보다 더 아픈 사람 마음을 알아주라는 것 아닐까?'라고 말이다.** 그래서 "이다음에 저보다 더 아픈 사람 마음을 알아주라고요"라고 대답하며 통곡했던 기억이 있다. 지금 와서 보니 고마운 것은 내가 아파봤으니 다른 사람들의 슬픔에 같이 공감을 해줄 수 있다는 것이다. 나에게 그런 일들이 일어나지 않았다면 나는 성장하기 위해 애쓰지 않았을 것이다.

이분은 매년 서울대 CEO과정에서 강의를 하시는데, 그들에게 왜 성공하려 했는지 물어보니 다들 하나같이 '강렬한 동기'가 있었다고 했다. 자수성가를 한 사람들 중 많은 사람들이 집에 차압 딱지가 붙었든, 갑자기 길바닥에 나앉게 되었든 간에 무언가 강렬한 동기를 갖고 있었다는 것이다. 사실 그런 일을 겪게 되었다는 것은 한번 일어서보라고 하늘이 기회를 준 것인지도 모른다.

꿈의 조건이 완벽한 사람은 없다. 100% 행복한 사람은 없기 때문이다. 저마다의 부족한 요소들을 가지고 있다면 우리에게 조금 더 긍정적이고 유리하게 해석해보면 어떨까? 지금 이 책을 읽고 있는 우리들을 '협상러'라고 부르고 싶다. 이 땅의 모든 현명한 협상러들을 응원하며.

✅ **한 줄 POINT**

인생에서 무언가 이루고 싶다면,

마음의 상처를 이겨내고 반드시 성공하라!

"넌 치우는 건 하지 말고, 손님 관리랑 주문만 받아라!"

스무 살 때였다. 당시 나는 제주에서 대학을 다니며 횟집에서 아르바이트를 하고 있었다. 그곳은 밑반찬이 아주 잘 나오는 편이었다. 광어, 잡어, 우럭이 그 가게에서는 싼 메뉴에 속했는데, 손님들의 주단골 메뉴였다. 왜? 밑반찬이 워낙 잘 나왔기 때문에 굳이 비싼 메뉴를 시킬 필요가 없었기 때문이었다.

당시 가격표에는 저렴한 6만 원짜리 광어에서부터 가장 비싼 16만 원 짜리 갯돔까지 다양한 메뉴가 있었다. 나는 어떻게 하면 손님들이 가장 맛있는 갯돔을 많이 선택해서 기분 좋게 먹고 가게에도 도움이 될까 생각했다. 누가 나에게 그런 것을 권하거나 강요한 적은 없었다. 다만 주인 이모에게 도움이 되고 싶었던 마음이 강렬했다.

'이 메뉴판으로 어떻게 손님들과 대화를 하면 우리 가게에서 가장 맛있는 갯돔을 선택할까?

보통의 횟집에서는 손님들에게 주문을 받을 때 이렇게 말하곤 했다. "제일 맛있는 회는 이거예요." 그럴 때 그 메뉴가 만약 그 가게에서 가장 비싼 메뉴라면 손님은 어떻게 생각할까? 난 그런 말을 들으면 이윤을 많이 남기려고 비싼 걸 추천했다는 생각이 들어 그 가게에 두 번 다시는 가고 싶지 않을 것 같았다.

그렇다면 손님과 어떤 식으로 협상해야 할까? 매일 같은 고민을 하던 중 손님들의 모습에서 한 가지 특이점을 발견했다. 그것은 바로 손님들이 메뉴판을 볼 때 시선이 '위에서 아래로 내려가다가 가격이 점점 비싸지니까 다시 가격이 저렴한 위쪽으로 올라가는 것'이었다.

그때 좋은 생각이 나서 이모에게 이렇게 부탁했다.

 "이모, 나 메뉴판 좀 바꿔줘요.

가격이 제일 높은 것부터 나열해주세요."

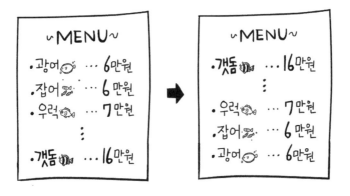

"왜?" 하고 이모가 물으시기에 나름대로 이유를 설명했다. 어린 나의 얘기를 경청해주신 이모가 대단하게 느껴졌다. 사진도 넣고 설명도 넣고 내가 원하는 대로 메뉴판을 바꿨다. 그러자 신기한 일이 벌어졌다.

비싼 것부터 쓰여 있으니 손님들이 '너무 싼 것은 뭔가 문제가 있는 게 아닐까'라는 생각이 들었는지 그전까지 제일 잘 팔리던 가장 저렴한 6만 원짜리 메뉴가 양과 질은 그대로인데도 주문량이 눈에 띄게 줄어든 것이다. 손님들은 그래도 중간 가격대쯤은 주문해야 할 것 같다는 생각을 하게 되었고, 그러다 보니 메뉴판을 바꾸기 이전보다 내가 손님을 이끌어 가기가 더 수월해지게 되었다. 재미있는 현상이었다.

일단 메뉴판을 바꾸고서 그다음 고민한 것은 '어떻게 말할 것인가?'하는 부분이었다. 내가 그 당시에 세상에서 제일 존경하는 여성은 바로 그곳의 '주인 이모'였다. 그분의 경영철학은, "손님이 먹고 싶다고 하시면 무엇이든 드려라"라는 것이었다. '손님이 기쁜 경영'을 몸소 실천하시는 분인데, 내가 그런 이모에게 폐를 끼치면 안 되니까 어떻게 이야기해야 손님도 기쁘고 매출에도 도움이 될까 고민하는 날이 계속되었다. 그러다가 손님에게 거부감 없이 갯돔을 권할 수 있는 재미있는 방법을 개발해냈다. 바로 손님에게 이렇게 묻는 것이었다.

그러면 대부분의 사람들은 맛있는 것을 찾는다고 대답한다. 여기서 맛있는 건 당연히 갯돔이다. 똑같이 갯돔을 권하는 것인데 "갯돔이 맛이 좋습니다"라고 직접적으로 권하면 그것은 손님이 싫어하는 설득이 되어 효과가 없지만 본인이 던진 질문 뒤에 이어진 대답인 만큼 손님들이 부담을 덜 갖게 되는 게 포인트였다.

만약 손님이 "저는 보편적인 거요"라고 말한다면 어떻게 해야 할까? 그대로 물러서야 할까? 나의 경우는 한 번 더 이야기하는 것으로 다시 갯돔을 얘기할 수 있었다. 이런 식으로 말이다. "아, 보편적인 거요? 저는 만약 손님이 맛있는 것을 찾는다고 하시면 그 회를 추천하려고 했는데……." 그러면 손님이 또 묻는다. "그게 뭔데요?" 하고 말이다. 그렇게 나는 또 이야기할 기회를 얻게 되곤 했다.

손님들이 나의 말을 강요하는 것으로 받아들이지 않은 이유는 직접 화법이 아니라 간접 화법을 사용했기 때문이었다. 화법을 바꾸자 놀라운 변화가 생겼다. 갯돔이 많이 팔리게 된 것이다! 정말 기뻤다. 심지어 어떤 날은 거의 갯돔만 팔린 날도 있었을 정도였다. 전부는 아니고 거의 대부분이라고 해야겠지만, 그 약간의 예외도 최소한 '모둠스페셜'이라고 하는 10만 원짜리는 항상 팔았기 때문에 뿌듯했었다.

횟집엔 남자 사장님과 여자 사장님(이모라고 불렀던 분)이 계셨는데, 남자 사장님은 평소에 별로 표현을 안 하시는 분이었다. 그러나 방학 때 내가 다시 아르바이트를 가게 되었다고 말씀드리면 직원들에게 이런 얘기를 하셨다고 한다.

📢 "야, 은지 온댄 햄쪄, 갯돔 하영 받아놓으라."

육지(?) 분들을 위해 해석을 해드리자면 '은지(개명 전 내 이름) 온다고 들었으니 갯돔 많이 받아놓으렴' 정도가 되겠다. 과묵하신 사장님이 나를 인정해주셨다는 생각에 대단히 기분이 좋았던 기억이 난다.

내가 갯돔을 많이 팔긴 했나 보다. 보통 6만 원짜리 광어나 잡어 위주로 팔리던 우리 가게가 테이블당 최소 4만 원 이상 매출이 올랐고, 그게 하루에 50테이블 정도 되었던 것 같다. 그러자 주인 이모가 이렇게 얘기하셨다.

📢 "너는 바쁠 때 손님 관리만 하고, 주문만 받아! 치우는 건 아무것도 하지 말고."

어린 나이였지만 나는 그때부터 손님들과 협상하는 법을 배웠다. 그리고 거기에는 상대의 욕구를 만족시키는 표현 방법과 어감이 작용한다는 것을 깨달을 수 있었다. 협상 전문가로서의 나의 삶은 그렇게 아르바이트 현장에서부터 무르익고 있었다.

세상에는 좋은 것을 좋다고 제대로 표현하지 못하는 사람들이 꽤 많다. 연애를 할 때도, 직장생활을 할 때도 좋은 사람임에도, 좋은 아이디어들이 많음에도 불구하고 잘 어필하지 못하는 분들을 보며 나는 이 글을 꼭 써야겠다고 마음먹었다.

나 역시 완벽하지는 않다. 다만 인생의 어떤 법칙을 열심히 배우고 실천하려 노력하고 있는 중이다. 지금 이 글을 읽고 있는 나의 친구, 당신도 전 세계적으로 유능한 사람들이 이미 사용했다는 그 비법을 적용시킨다면 인생에서 원하는 것들을 훨씬 더 수월하게 이루며 살게 될 것이라 확신한다.

✔️ **한 줄 POINT**

인생에서 무언가 이루고 싶다면,
어떤 아이디어가 필요한지 깊게 생각해보라!

욕망을 건드려라

미국의 대통령 선거기간 때의 일이다. 한 대통령 후보 측에서 홍보를 위해 수백만 장의 포스터를 제작하고, 다음 날 전국에 발송할 준비를 하고 있었다. 그런데 선거 포스터에 사용한 사진 하나에 저작권 표시가 되어 있었다. 그대로 전국에 발송을 하자니 나중에 큰 문제가 될 수 있을 것 같고, 그 사진을 빼고 다시 인쇄를 하자니 비용이 만만치 않았다. 선거 때까지 남은 시간도 문제였다.

결국, 참모들이 수소문 끝에 사진작가를 찾아냈다. 당시 그 사진작가는 무명작가여서 경제적으로 어려운 상황이었다. 자신의 사진을 사용해 이미 포스터 수백만 장을 만든 것을 알면 거액의 저작권료를 요구할 가능성이 높았다. 어떻게 이 위기를 모면해야 할지에 대한 회의가 이어졌다. 참모들 중에는 정직이 최선이라며 사진작가에게 전화를 해서 솔직하게 알리고, 실수에 대해 사과한 다음 저작권료를 최대한 적게 주는 방향으로 설득하자고 말하는 사람도 있었다. 문제는 선거자금에 한계가 있다는 것이었다.

그때 수많은 이야기가 오가다가 "그 작가에게도 이력이 될 테니 이것은 명예스러운 일이 아닐까?"라는 이야기가 나왔다. 그래서 사진작가에게 전화를 걸어 "축하드립니다, 작가님의 사진이 우리 대통령 후보 홍보 포스터에 사용될 최우수 사진으로 선정되었습니다"라며 말을 건넸다. 이는 대단한 영예이며, 이제 그 사진이 전국 방방곡곡에 게시되면 유명작가가 될 수 있다는 기대 심리를 자극하는 말도 했다. 그리고 "얼마나 좋으십니까! 이렇게 저희 대선 캠프에서 좋은 기회를 드렸는데 선거자금을 좀 기부하실 의향은 없으십니까?" 하고 물었다. 저작권료를 줘야 하는 상황을 오히려 기부금을 내는 쪽으로 상황을 전환시킨 것이다.

그러자 작가는 놀랍게도 대단히 기쁜 목소리로 "저의 사진을 써주셔서 감사합니다. 하지만 요즘 수입이 없어서 기부는 다음 기회로 미루고 싶습니다"라고 말했다. 돈을 주어야 할 사람과 받아야 할 사람이 일시에 바뀌는 순간이었다. 물론 작가가 어려운 상황이라는데 '뭐라도 좀 챙겨주지'라는 생각이 들기는 한다.

그럼 여기서 작가에게도 좋은 일이 되려면 어떻게 되면 좋을까? 대통령 후보 포스터 수백만 장에 작품이 실렸다는 것을 적극 홍보하여 몸값을 높이고 기회를 갖는다면 양쪽 모두에게 좋은 결말이라고 생각된다.

내가 여기서 주목하고 싶은 점은 왜 작가는 흔쾌히 승낙하게 되었는가 하는 점이다.

그것은 상대의 마음속에 숨어 있는 성공하고 싶다는 기대 심리와 인정에 대한 욕구를 자극했기 때문에 가능했던 것이다. 현재 누군가와 협상을 해야 한다면 이 점을 꼭 상기하기 바란다. 내가 그들에게 줄 수 있는 것은 무엇인가, 꼭 물질적인 것이 아니어도 된다.

예전에 나폴레옹은 1,500여 개의 훈장을 수여했다고 한다. 많은 전쟁을 성공으로 이끌었던 나폴레옹은 왜 그렇게 많은 훈장을 사람들에게 주었던 것일까? 그것은 아마도 전쟁 중이다 보니 상을 주는 것에 제한이 있었을 것이고, 무엇이라도 주고 싶은 그 마음을 전달한 것이 아닐까? 누구에게나 인정받고 싶은 욕구가 있다. 그리고 그것이 충족된다면 모두에게 좋은 일이 될 것이다.

✅ 한 줄 POINT

인생에서 무언가 이루고 싶다면,

항상 상대의 입장에 서서 상황을 지켜봐야 한다!

어떠한 순간에도
나의 격을 지켜라

유럽의 상인들이 새로운 시장을 개척하기 위해 툰드라 지역으로 들어갔다. 그리고 그들은 원주민과 교류하며 사냥도 배웠다. 하루는 그들 중 한 사람이 사냥을 하고 돌아오는데 늑대가 따라왔다. 위협을 느낀 상인은 고기 한 덩이를 던져주었다.

며칠 후 또 같은 일이 발생했는데, 이번에는 늑대가 네 마리로 늘어났다. 그래서 지난번보다 더 많이 고기를 던져주었고, 그때부터 악순환이 시작되었다. 늑대의 수는 계속해서 늘어났다. 결국 유럽인들은 그곳에서 더 이상 머물지 못하고 원주민으로부터 쫓겨났다. 배고픈 늑대에게 사람을 따라가면 고기를 먹을 수 있다고 가르쳤다는 이유에서였다.

〈툰드라의 늑대이야기〉에 나오는 이 스토리는 많은 것을 생각하게 한다. 중요한 것은 섣부른 양보는 상대에게 더 큰 양보를 기대하게 만든다는 점이다. 예를 들어 아이가 울고 있을 때 달래기 위해서 물질적인 것들을 이용한다면 자칫 아이에게 울면 장난감 선물을 받을 수 있다는 잘못된 인식을 심어줄 수 있다. 만약 협상에서 이런 우를 범한다면 우리는 누군가의 심리적 노예가 될 수밖에 없다.

사실 내가 세일즈 교육에 입문한 2010년도만 해도 실질적인 세일즈 관련 교육이 없었다. 대부분 동기부여 교육이었다. '세일즈를 돈을 주고 배워? 당연히 구둣발로 뛰는 거지'라는 생각이 다수였다. 하지만 세일즈 교육을 듣고 잘되는 사람이 많아지고 이것이 소문나면서 이제는 세일즈나 협상 능력은 배워야 하는 것이라고 생각하는 사람이 늘어나고 있다.

수강생 중 한 분인 《돈과 시간에서 자유로운 인생 1인 기업》의 저자 이승준 사장님이 그 누구도 협회의 '수많은 성공 사례'를 따라오지 못할 거라고 식사 중에 말씀하셔서 웃었던 적이 있다. 세일즈와 협상과 관련해 역사와 전통을 가진 현장에 내가 있다는 것이 스스로 자랑스러운 부분도 있다. 나는 그 비결이 나의 격을 지키고 전문가로서 능력을 길러냈기 때문이라고 생각한다.

어떤 곳에서는 "할 수 있다면 뭐든지 내어주어라"는 메시지를 전달하기도 한다고 한다. 그런데 결과를 위해서라면 어떠한 것도 감수해야 한다는 가르침은 나의 교육 방향과 맞지가 않다. 우리에게는 각자의 격이 있고, 소중한 존재로서의 가치가 있다. 그러므로 내키지 않는 일을 감내하는 것은 어딘가 합리적이지 않다고 생각한다. 협상이라는 건 양쪽 모두 만족해야 하기 때문이다.

우리말로는 협상가라고 부르고, 영어로는 '네고시에이터'라고 부르는 사람들이 있다. 경찰 등의 특별한 공권력을 사용하는 조직에서 활약하는 사람들이다. 그들은 테러나 인질극의 범죄 현장에서 범죄자들과의 교감을 통해 생명을 구하거나 참사를 막는 일을 한다. 그들은 끔찍한 일이 일어나지 않도록, 위험천만한 상황에서도 상대방이 더 나은 선택을 하도록 유도해야 하는 임무를 갖고 있는 사람들이다. 그런데 꼭 인질극이나 테러 상황에서만 협상가가 필요한 것이 아니라 '나 자신과도 협상할 수 있다.' 이는 어떤 말일까?

살다 보면 같은 상황임에도 불구하고 저마다 감정반응 상태가 다르게 나타나는 것을 볼 수 있다. 기왕이면 한 번뿐인 인생, 모든 일을 즐겁게 해석할 수 있다면 그것이야말로 자신과의 협상에서 이기는 것 아닐까? 우리 모두가 그런 '생활 협상가'가 되어야 한다.

그 외에도 우리는 수많은 협상을 한다. 자신과의 협상이든, 타인과의 협상이든, 하늘과의 협상이든 말이다. 격이 있는 우리는 모두 가치 있고 소중한 존재들이다. 타인과 협상을 잘하는 사람은 자신과도 협상을 잘하는 사람일 확률이 크다. 그러므로 살면서 원하는 것을 이루고자 한다면 제일 먼저 스스로의 격을 높이기 바란다. 내가 나 스스로를 지켜야만 다른 사람들도 나를 지켜준다.

✅ **한 줄 POINT**

인생에서 무언가 이루고 싶다면,

당신은 이미 가치 있는 소중한 존재라는 것을 잊지 마라!

현재 상황에서 원하는 것을 얻는 기술

우리는 실제로도, 그리고 무의식적으로도 상대에게 도움을 주고 유익한 사람이 되어야만 한다. 그것은 상대방이 그렇게 느끼는 것이 아니라 우리가 그렇게 느끼도록 만드는 것이라는 점을 기억할 필요가 있다. 적어도 협상 상대에게 나는 특별한 사람이어야 한다.

NEGOTIATION

딱 다섯 개만
팝니다

나의 가치를 높이는 방법 중 하나는 '특별하게 한정 짓는 것'
이다. 내가 아는 어떤 분이 머리카락을 떼어다가 눈썹을 심었는데,
수많은 눈썹이식병원 중에서 한 병원을 선택하게 된 이유가 있었다.
바로 "저희는 하루에 한 분만 관리해드립니다"라는 문구 때문이었다.
그런데 수술이 끝난 후 알게 된 사실이 있다. 다른 병원들도 하루에
한 명밖에 시술을 못 한다는 것이다. 왜냐하면, 한 올 한 올 뽑아 심는
과정상 시간이 많이 걸리기 때문이다. 그것을 전면에 내세웠느냐, 안
내세웠느냐의 차이만 있을 뿐이다. 웃기지 않은가? 똑같은 상황인데
누군가는 그것을 홍보해서 신뢰를 얻고, 누군가는 손님이 이제나 오
려나, 저제나 오려나 하며 기다리고만 있다니 말이다. 이것을 우리
삶 속에 어떻게 접목시킬 수 있을까?

가령 어떤 빵집에서 빵 하나를 집어 들었는데 이렇게 말한다고 쳐 보자.

"아, A빵은 한 사람당 딱 다섯 개까지만 살 수 있어요."

애초에 빵을 집을 때에는 하나만 사려고 마음을 먹었는데, 다섯 개 까지만 한정판매한다는 말을 들으면 우리는 어떤 생각을 하게 될 까? 그만큼 맛이 좋아 제한을 두는 것일지도 모른다고 합리화를 하며, 하나가 아닌 다섯 개를 살 확률이 높다.

또 다른 예로, 백화점에 옷을 사러 갔는데 마음에 드는 옷이 있어서 "이 옷 다른 사이즈 있나요?"라고 물었다고 치자. 이때 창고에 가서 하나 들고나오며 점원이 어떤 말을 하느냐에 따라 우리의 구매 여부가 결정될 것이다.

 A점원: 여기 있습니다. 입어보세요.

B점원: 마침 딱 하나가 남아 있네요. 다행입니다. 입어보세요.

이것이 바로 흔히 알고 있는 희소성의 법칙이다. 이처럼 희소성의 법칙을 이용해 '한정 판매, 반짝 세일' 등 상대방이 의사결정을 빨리 내릴 수 있도록 만드는 것도 하나의 방법이다. 만약 당신이 협상 업무를 보고 있는 사람이라면 이를 활용하는 것도 도움이 될 것이다.

이번에는 내가 우리 수강생분들의 가치를 높여주기 위해 얘기해주는 '존재의 희소성'에 대해 설명해보려고 한다.

우리가 보통 하루에 만날 수 있는 사람의 수는 정해져 있다. 따라서 약속을 잡을 때에도 나를 한정 짓는 일이 필요하다. 예를 들어 "(저는 하루에 두 분만 관리해드리다 보니) 지금 미팅 날짜를 잡아도 가장 빠른 날은 2주 후쯤이 될 것 같습니다"라고 한다면, "당신이 원하면 언제든 찾아간다"고 말하는 사람과는 확실히 차이가 있지 않을까? 그렇게 자신을 특별하게 한정 짓는 것이 중요하다. 내가 나의 값어치를 인정할수록 상대도 나를 소중하게 여긴다는 사실을 기억해야 한다. 예의가 바른 사람일수록 상대방을 배려하는 차원에서 마지막 인사로 다음과 같은 말을 하는 경우가 종종 있다.

"오늘 바쁘셨을 텐데 특별히 시간 내주셔서 감사합니다."
"만나 뵙게 되어 대단히 영광이었습니다."

모두 상대를 높이고 자신을 낮추는 말들이다. 그게 상대방의 기분을 좋게 하기 위함이든, 아니면 예의상 하는 말이든 관계없이 상대방에게는 무의식중에 '나의 바쁜 시간을 빼앗은 사람'이라는 이미지가 새겨질 수도 있다는 것이 문제다.

그렇다면 마지막에는 어떤 식으로 이야기를 나눠야 할까? 바로 "오늘 대화 중 어떤 부분이 도움이 되셨나요?", 혹은 "오늘 어떤 부분이 가장 좋았나요?"라고 끝을 맺는 것이 좋다. 왜냐하면, 대답을 하면서 '저 사람은 나에게 도움을 준 사람', 혹은 '같이 있을 때 좋았던 사람'으로 상대의 머릿속에 각인이 되기 때문이다.

연애를 할 때도 마찬가지다. 헤어질 때 "오늘 나와줘서 고마워"가 아니라 오늘 데이트할 때 뭐가 가장 인상 깊었는지를 묻는다면, 상대방은 그날 밤 집에 들어가서 이렇게 생각하게 될 것이다. '아, 오늘 그래도 나름 재미있고 유익했어'라고 말이다.

우리는 실제로도, 그리고 무의식적으로도 상대에게 도움을 주고 유익한 사람이 되어야만 한다. 그것은 상대방이 그렇게 느끼는 것이 아니라 우리가 그렇게 느끼도록 만드는 것이라는 점을 기억할 필요가 있다. 적어도 협상 상대에게 '나'는 특별한 사람이어야 한다. 도움을 주고 앞으로도 자주 만나고 싶어지는 사람 말이다. 그런 느낌을 오래도록 줄 수 있느냐, 그렇지 않느냐는 전적으로 우리의 협상 자세에 달려 있다.

☑ **한 줄 POINT**

인생에서 무언가 이루고 싶다면,

내가 아니면 안 되는 이유를 반드시 만들어야 한다!

대박 나는
가게들의 비밀

이번에는 어느 철학관 이야기를 좀 해보려고 한다. 그 철학관은 전국에서 사람들이 찾아와 항상 줄을 길게 서기로 유명한 곳이다. 이곳은 과연 무엇 때문에 용하다고 소문이 난 것일까? 물론 실력도 있겠지만, 한 사람당 복비가 몇십만 원씩 하는 이곳이 다른 곳에 비해 손님이 들끓는 이유는 무엇일까?

나 역시 많은 사람들이 용하다며 찾아오는 그 이유가 궁금했다. 그 전에는 나도 멋모르고 그저 사주를 잘 보니까 사람들이 많이 찾아오는 거라고 생각했다. 물론 그것도 이유겠지만 또 다른 이유 중 하나는 '마케팅의 고수'라는 점이었다.

내가 연구한 그 비결을 공유하자면 이분은 한 지역에서 보름을 머물고, 또 다른 지역에서 보름을 머무른다. 만약 A지역에서 이분을 찾아가려고 했는데 이분이 B지역에 가 있을 때라면 급하게 만나고 싶어도 보름을 기다려야 한다. 게다가 오후는 제외하고 9시부터 12시까지 오전 시간에만 손님을 받는다. 그러다 보니 자주 만날 수 없는 분이라는 인식 때문에 계속해서 줄이 이어지는 것이다.

또한, 기다리는 사람들에게 몇 명의 사주를 볼 것인지 물어보면서 어느 손님까지 받을지 결정하고, 그 뒷 손님은 오늘 봐줄 수 없다며 집으로 돌려보낸다. 그럴 때 손님 입장에서는 "뭐, 이런 데가 다 있어?"라면서 화를 낼 수도 있다. 하지만 재미있게도 손님들은 그 다음 날 새벽 일찍 다시 찾아온다. 그렇게 해서 그곳은 줄을 서야 물어볼 수 있는 집이라는 소문이 퍼지게 된 것이다.

매일같이 새벽부터 사람들이 찾아와서 대기하는 모습을 동네 사람들이 보면서 더욱 입소문을 타게 되는 이치다. 한번 소문이 나면 선순환 효과로 인해 계속 소문이 돌게 된다.

그럼 이곳에서 하는 말이 더욱 신빙성 있게 들리는 이유가 무엇일까? 더구나 이 집은 가족 전체가 사주를 보더라도 절대 비용을 깎아주지 않음에도 불구하고 손님들이 만족해한다. 이 가게는 더 이상 가격이 중요한 부분을 차지하지 않는 것이다.

기다리다가 자신의 순서가 되어 들어가면 생년월일을 묻고 메모하는 '제자 선생님'이 계신다. 진짜 선생님을 만나기 전에 마음의 준비를 시키는 것이다. 그 시간 동안 손님들은 '이 집은 무언가 다르네' 하면서 그 곳에 대한 기대감과 긴장감을 갖게 된다. 그리고 진짜 선생님에게 인도되면 본격적으로 사주풀이를 시작하는데 옆에는 '서기 선생님'이 계셔서 진짜 선생님의 이야기를 받아 적는다. 마치 왕이 이야기하면 서기가 받아 적는 것 같은 모습이다.

사주풀이를 종이에 써서 준다는 것이 다른 점집과는 다른 방식인데, 그것을 고이 접어서 주면 손님들은 대부분 소중히 받아 넣는다. 생각해보자. 우리가 그토록 기다려서 받아온 종이인데 그것을 함부로 할 수 있겠는지 말이다. 그분은 사주풀이뿐만 아니라 마케팅에 있어서도 선두에 있는 분이셨다. 왜냐하면, 종이를 본 주변 사람들이 그게 뭔지 궁금증을 가지면서 자동으로 입소문이 나게 되니까 말이다. 이런 방식을 협상의 현장에도 접목시킨 3가지 사례를 지금부터 소개하겠다.

첫 번째 사례는 바로 만두집 이야기다.

파리만 날리던 만두집이 어느 날 대박이 났다. 가게에 손님이 찾아오지 않으면 대부분 가만히 앉아서 기다린다. 하지만 이 만두가게 주인은 만두가 잘 안 팔리자 '어떻게 하면 장사를 잘되게 할까?'를 고민했다고 한다. 과연 이 사람은 무엇을 했을까? 그것은 바로 매일 자전거에 만두를 싣고 동네를 왔다 갔다 하는 것이었다. 그런 모습을 본 사람들은 무슨 생각을 했을까? 그 이후로 '저 집은 장사가 잘되나 보다' 하고 생각하게 되었다. 그러면서 손님들이 몰려들어 장사가 잘되기 시작했다. 바로 이것이 하늘과도 협상하는 방법이다.

무언가가 내 뜻대로 안 된다면 그것은 하늘이 '방법 좀

바꿔보라'고 신호를 주고 있는 것일지도 모른다. 우리가 그 신호를 알아차리고 될 때까지 방법을 바꿔본다면 분명 승승장구하게 될 것이다.

두 번째 사례는 내가 컨설팅한 미용실의 이야기다. 미용실에 손님이 없다고 가만히 있는 원장님에게 나는 이런 조언을 해주었다.

"일단 손님이 오면 집에 돌려보내지 마세요."
"어떻게요?"

그 사람을 앉혀다 놓고 영양도 더 해주고 만약 그 영양제품이 정말 좋은 것이라면, "이거 다른 곳에 가면 비용 받는 건데 특별히 해드리는 거예요"라고 이야기하라고 했다. 그런 식으로 손님을 미용실에 붙잡아두라고 했다. 밖에서 봤을 때 미용실에 늘 손님이 있는 것처럼 보여야 사람들이 들어가고 싶은 마음을 갖게 되기 때문이다.

매일 원장 혼자 가게에 앉아 있으면 누가 들어가고 싶겠는가? 돈을 아끼지 말고 손님에게 인건비라도 쏟아라. 실제로 그 원장님은 이것을 실천한 뒤로 회원권을 끊는 분들이 늘었다는 이야기를 들려주셨다.

세 번째 사례는 비슷한 예시지만 네일아트숍의 이야기다. 네일아트숍에도 마찬가지로 손톱만 손질해주고 그냥 돌려보내지 말라고 조언했다. 손 마사지라도 더 해주고, 공을 들여서 손님이 많은 모습을 보여야만 다른 손님이 찾아온다. 다음 예약 손님이 올 때까지 무언가라도 서비스를 제공한다면 예약 손님이 느끼기에 '늘 손님이 있는 곳'이라는 인식을 갖게 된다. 그래야 예약 취소도 줄어들 수 있고, 늘 바빠 보이는 모습을 보여야 실제로 바빠질 수 있다. 지금 하고 있는 일들이 아무리 잘 안 되고, 성과가 부진하다 하더라도 매장에 파리가 날리게 내버려 둬서는 안 된다. <u>서비스로 음식을 제공해서라도 손님을 붙잡아둬라. 이런 정성은 사람도, 하늘도 감동시킨다.</u> 손님이 없으면 몸은 편할지 몰라도 매출은 안 편하다. 그러므로 몸이 힘든 쪽을 택하자, 선순환을 위하여! 어떤 방법으로든 자신이 '살아 있음'을 다른 사람이 알게 해야 한다.

☑ 한 줄 POINT

인생에서 무언가 이루고 싶다면,

고객을 붙잡아둬라. 그러면 그 모습을 본 다른 사람이 내 고객이 된다!

제갈공명은 사실 몸값 올리기의 타고난 귀재였다

다들 삼고초려의 일화를 잘 알고 있을 것이다. 유비가 제갈공명을 군사로 초빙하기 위해 오두막을 세 번이나 찾아갔던 '삼고초려' 말이다. 나는 그것에 대해 조금은 다른 시각을 얘기해보려 한다. 이 글을 읽고 있는 당신이 사람들에게 제갈공명처럼 삼고초려 되는 사람이기를 바라는 마음에서다.

그러려면 우리는 어떻게 제갈공명이 '몸값 올리기의 귀재'가 되었는지를 알아야 한다. 역사라는 것이 직접 당사자에게 물을 수가 없으니 정확히 알 수는 없지만, 한 설에 의하면 유비가 제갈공명의 존재에 대해 알게 되었던 한 노래가 실은 제갈공명이 직접 만들어 농민들에게 유포한 것이라는 설이 있다.

무슨 노래인고 하니, 제갈공명 자신의 유능함을 알리는 노래였다는 것이다. 그 노래를 전해 들은 유비가 제갈공명을 찾아갔으나, 그 또한 바로 만나준 것이 아니라 세 번이나 기다리게 하여 자신의 몸값을 올렸다는 설이다.

여기서 주목해야 될 점은 유비가 제갈공명을 만나지 못하고 돌아올수록 간절함이 더해졌다는 것이다.

《인물과 사건으로 보는 중국상하오천년사》라는 책에 보면 이런 이야기가 있다. 첫 번째 방문 때 허탕치고 돌아온 유비는, 두 번째 방문 때엔 눈보라를 뚫고 제갈공명을 찾으러 나선다. 두 번 방문해도 만나지 못하자, 자신의 심경을 담은 편지를 남기고 돌아온다. 정말 재미있는 것은 마지막 방문 시 유비의 행동이다. 세 번째 찾아갔을 때에는 제갈공명의 집에서 반 리나 떨어진 곳에서부터 말에서 내려 걸어갔을뿐더러, 자고 있는 제갈공명을 깨우지 않으려고 그가 깨어날 때까지 공손히 서 있었다니 얼마나 간절했는지 그 마음을 엿볼 수 있다.

이 이야기가 시사하는 바는 무엇일까? 만약 유비가 제갈량을 자신이 있는 곳으로 불러냈다면 유비는 제갈량의 귀함을 알게 되었을까 하는 점이다.

우리가 마치 맛집 앞에서 줄을 서서 기다렸을 때 그 줄을 포기하기 어려운 것처럼 공을 들인 만큼 상대가 더 귀해지는 법이다. 사실 내가 귀하게 여기는 누군가가 있다면 그만큼

<u>내가 공을 들였기 때문일지도 모른다.</u> 여기서 우리가 간과하지 말아야 할 것은 행여 쉽게 만나면 상대의 능력을 과소평가하게 될지도 모른다는 것이다.

이는 연애할 때도 마찬가지다. 만약 상대의 마음을 사로잡고 싶다면 위의 글을 역으로 참고하여 꼭 상대를 사로잡기 바란다. 배우자를 얻은 경우라면 이 내용을 들려주고 "내가 당신을 생각해서 삼고초려를 안 받아서 그렇지 사실 나 제갈량 같은 사람이야"라고 이야기해주는 것이다.(그럼 잠시나마 웃음꽃이 피어나지 않을까?)

일반적으로 타인과 중요한 결정을 해야 하는 경우 만나는 장소를 신중히 결정해야 한다. 기왕이라면 내게 친숙한 공간인지 아닌지를 따져보는 것이 중요하다. 장소 따위는 중요하게 생각하지 않는 사람들이 많은데, 스포츠에서도 홈그라운드에서 하는 경기가 조금은 유리하다고 하지 않는가. 2002년, 대한민국 월드컵 4강 신화 역시 물론 실력도 뒷받침되었겠지만, 홈그라운드라는 강점이 작용한 부분도 없지 않았을 것이다.

우리의 영웅 이순신 장군은 12척의 배로 133척의 일본 대군을 물리칠 때 물론 정신력도 강했겠지만, 울돌목의 지역을 잘 파악하여 비교도 안 되는 전력 차이를 극복할 수 있었다. 이렇듯 협상에 있어서도 장소는 결과에 차이를 가져올 수 있다.

우리 수강생분 중에 세무서를 운영하는 분은 보통 외부에서의 만남을 자제하고 자신의 사무실로 방문하도록 한다. 날 찾아오게 하면 무엇이 좋을까? 이동시간을 줄여 다른 고객을 만날 시간을 벌 수 있을뿐더러 상대방이 호기심에 방문하는 것인지, 진짜 필요해서 방문하는 것인지를 알 수 있다. 직접 찾아오는 분들은 그만큼 의지가 있다 보니 하나라도 더 조언을 얻으려고 노력한다. 무엇보다 좋은 분위기 속에서 대화가 진행되다 보니 고객 만족도도 높아질 수 밖에 없다. 꼭 자신의 사무실로 오도록 하지 않는다 하더라도 장소를 주의 깊게 선택하면 협상을 하는 데 있어 유리한 고지를 선점할 수 있을 것이다.

✅ 한 줄 POINT

인생에서 무언가 이루고 싶다면,
공을 들여라.
누가 누구에게 공을 들이느냐에 따라 협상의 결과가 달라질 수 있다!

그들은 어떻게
매출을 올렸을까?

맥도날드 같은 경우 전략적인 기획을 하는 멋진 곳이다. 매장의 위치도, 계산대의 위치도 손님들이 지갑을 꺼내기 쉬운 위치라고 한다. 손님의 입장에서는 그들이 짜놓은 판에 놓여 있다는 부정적인 시각으로 볼 수도 있겠지만, 세상 어딜 가도 마케팅의 손이 뻗지 않은 곳은 거의 없는 것 같다. 고인 물은 썩는 법인데, 늘 연구한다는 그 자체가 상당히 훌륭하다고 생각한다.

맥도날드에서는 햄버거를 주문한 고객들에게 아래와 같은 질문을 던져, 현재의 주문 내역에 작은 것을 하나 더 추가하도록 유도한다.

"프렌치프라이는 큰 거로 하실래요, 아니면 작은 거로 하실래요?"

'살까 말까'가 아닌 '작은 것 혹은 큰 것'으로 질문의 프레임을 바꾼 것이다. 이렇게 말 한마디만 바꿔도 매출은 증가할 수 있다.

마찬가지로 내가 컨설팅을 했던 한의원에서는 "빠르게 효과 보는 것을 원하세요, 아니면 보편적인 것을 원하세요?"라는 질문과 더불어 응대 멘트, 카피 문구 등을 바꿨더니 매출이 성장했다.

치킨집이나 음식점에서도 이 전략은 통한다. "음료수도 드릴까요?"라고 하기보다는, "(손님이 달라고 하기 전에) 음료는 콜라랑 사이다 중에 어떤 걸로 드릴까요?"라고 하는 것이 더 좋은 질문이다. 그리고 물어볼 때 무표정보다 웃는 편이 호응도가 더 올라간다는 것은 두말하면 잔소리다.

일본의 어떤 판매왕은 고객이 평범하게 생각하지 않고, 무언가 강한 인상을 갖도록 노력했다는 이야기가 있다. 예를 들어 그 판매왕은 손님이 떠날 때 엘리베이터가 완전히 닫힐 때까지 90도로 고개를 숙이고서 절대로 일으키지 않는다고 한다. 거기에는 절실함이 묻어 있을 것이다. 최선을 다하려는 모습도 배울 수 있겠다. 여러 세일즈맨 중에 자신을 기억하게 만들기 위해 어떻게든 어필하려는 것도 인상적이다.

다만 나는 모든 사람들이 서로를 존중하고 대접하기를 원한다. 나는 올해 초에 MBC 〈생방송 오늘아침〉에서 인터뷰를 했었다. 주제는 제약회사 세일즈맨을 대상으로 한 '약국 부부의 갑질 횡포'에 대한 것이었다. 은행 업무, 담배 심부름, 자녀 등·하교 운전기사 등 허드렛일 지시를 일삼은 사건 보도에 대한 입장을 달라는 거였다. 안타까운 점은 그 세일즈맨도 한 아내의 존경스러운 남편이자, 눈에 넣어도 안 아팠을 아들이자, 한 가정의 자랑스러운 아버지였을 거라는 사실이었다. 그 때 이후로 세일즈맨들이 존중받고 대접받기 위한 작은 테크닉들을 유튜브에 공유하기 시작했다. 작은 것들이 모여 큰 것을 이뤄내기 때문이다. 세일즈맨과 고객은 서로 동등한 입장에서 윈윈 하는 방법을 찾아야 한다.

현재 내가 대표로 있는 협회의 출신 중에는 성공한 사람들이 많다. 그 이유는 첫째, 그분들이 가지고 있는 장점을 활용해 컨셉을 바꿨기 때문이다. 둘째, 그로 인해 전문성을 한 곳에 집중하도록 했기 때문이다. 그리고 셋째, 고객들과 만났을 때 화법을 바꿨기 때문이다.

사람들은 은연중에 상대가 나에게 너무 낮은 모습을 보이면, '저 사람이 나에게 뭔가를 원하는구나'라는 생각이 들면서 왠지 손해 본 것 같다고 느끼게 된다. 그래서 내가 추구하는 협상의 모습은 나도 상대를 존중하고, 상대도 나를 존중하면서 서로 좋은 결과를 추구하는 것이다.

회사 내에서 자신을 낮추고 깎아내리면서 세일즈하는 방법을 가르치는 분들도 많다고 들었다. 물론 어떤 것이 옳다고 말할 수는 없다. 다만 나는 내가 아는 모든 사람들이 존중받을 수 있고, 높은 격을 갖게 되었으면 좋겠다. 그래서 이렇게 말하곤 한다.

 "친절하되 함부로 대할 수 없게 하라."

"후광을 만들어 몸값을 높여라."

우월감을 가지라고 말하는 것이 아니다. 서로 존중하는 관계가 되어야 한다는 것이다. 왜냐하면, 누구나 자신의 가정에서는 소중한 존재이기 때문이다.

가정의 핵심인 대한민국의 모든 가장들이니만큼 존중받고 대접받고 당당해졌으면 좋겠다. 쉬지 않고 무언가를 계속해줘야 할 것 같은 생각에 사로잡혀 있는 것은 마이너스적인 발상이다. 우리는 상호 협상을 하는 사람이다. 같은 상황을 두고도 "제가 오늘 좋은 정보 하나 알려드릴 테니까 차 한잔 사주시죠"라고 말할 수 있는 상황을 만들자. 우리는 누군가에게 꼭 필요한 것을 제공해주는 고마운 사람이므로 충분히 그럴 자격이 있다.

✔ **한 줄 POINT**

인생에서 무언가 이루고 싶다면,
나를 너무 낮추지 마라.
존중받으면서도 얼마든지 협상에서 원하는 것을 얻을 수 있다!

줄을 서시오

이번에는 상대를 기다리게 하는 마성의 협상 기술을 짚어보려고 한다. 왜 고객을 기다리게 해야 할까?

지인 중에 장사를 하다가 석 달 안에 권리금을 주고 팔라는 사람이 생겨서 단기간에 이문을 남긴 사람이 있었다. 그것도 매일 들어오는 수입을 제외하고 말이다. 당시의 사업 아이템은 와플이었다. 아주 작은 평수의 매장에서 무엇을 하면 석 달 안에 권리금으로 5,000만 원을 받고 팔아달라는 말을 들을 수 있을까? 여러분이라면 어떻게 해보겠는가?

나는 지금 이 책을 읽는 여러분이 스스로 생각하는 힘을 기르기를 바란다. 생각하는 힘은 어떻게 기를 수 있을까? 내가 지금까지 찾은 가장 좋은 방법은 질문을 하는 것이다. 내 수강생분들에게 그랬던 것처럼 지금 이 글을 읽고 있는 당신에게도 나는 계속 질문할 것이다. 그러니 열심히 한 번 생각해보자. 다시 한 번 물어보겠다. 어떻게 하면 권리금을 석 달 안에 5,000만 원으로 만들 수 있을까?

그의 성공 노하우는 '손님을 줄 서게 한 것'이었다. 그렇다면 어떻게 줄을 서게 할 수 있었을까? 흔히 무언가 상대가 나보다 당차 보이거나 좀 더 우위에 있어 보이거나, 무언가 나보다 아우라가 있어 보이거나 하면 그 사람의 지시를 수용해야 할 것 같은 무의식이 발동하게 된다.

만약 길을 가던 사람이 나를 딱 지목하면서 "자, 자, 이쪽으로 줄 좀 서보세요. 거기 빨간 옷 입은 분, 이쪽으로 줄 서세요"라고 하면 나도 모르게 그곳에 줄을 설 확률이 높다. "불이야!" 하는 소리를 듣고 내려갔더니 어떤 사람이 밑에서 "저쪽으로 가시면 됩니다"라고 손짓하고 있다면 일단 시키는 대로 움직이게 되는 것과 같은 이치다. 우리는 지나가다가 어떤 가게 앞에 사람들이 줄을 서 있는 모습을 보면 '아, 저기 맛집인가 보다'라고 생각하기 쉽다. 그래서 앞서나가는 사람들은 그것을 역이용한다.

다시 와플가게 이야기로 돌아가서 "어떻게 줄을 세우실래요?" 하고 물어보면 "알바를 쓰겠다", "시식을 시켜주겠다", "1+1을 주겠다" 등 각양각색의 답이 나올 것이다. 하지만 여기서의 포인트는 어떻게 하면 돈을 쓰지 않고 줄을 세우느냐 하는 것이다.

정답은 지목을 해서 줄을 세워야 한다는 것이다. 예를 들어 빨강 블라우스를 입고 있는 사람이 앞을 지나간다면 그 한 명을 선택해서 얘기하는 것이다. "거기 빨간 블라우스 입은 분, 잠깐 이쪽에 서주시겠어요"와 같이 누군가를 정확히 지목하는 것이다.

이처럼 장사를 할 때에도 지나가는 사람을 딱 지목해서 연이어 줄을 세우면 매출이 오르게 되는데, 그 이유가 재미있다. 줄을 선 사람들이 많기 때문이라고 생각할 수도 있겠지만, 진짜 이유는 다른 데 있다. 그것은 바로 '기다린 시간에 대한 보상심리 때문에 더 많은 양을 사게 된다'는 것이다. 줄을 서서까지 사는 사람들은 절대 하나만 사가지 않는다. 왜냐하면 기다린 시간이 아깝기 때문이다.

중요한 것은 그 모든 것이 철저하게 사람들의 심리를 자극한 결과라는 것이다. 한 가지 흥미로운 점, 권리금을 받고 팔면서 인수한 사람에게 모든 노하우를 가르쳐주었지만, 그 사람은 그것을 실천하지 않았고, 그 결과 매출이 적은 가게가 되었다는 사실이다. 그것이 왜 중요한지 몰랐기 때문에 실천하지도 못했을 것이다.

물론 자리나 환경이 좋아야 한다는 것은 장사의 중요한 포인트일 것이다. 그러나 자신이 어떻게 하느냐에 따라 더 많은 사람들이 몰려들 수도 있고, 반대로 찾아오는 사람이 줄어들 수도 있다. 지금 이 책을 읽고 있는 우리는 이미 호감지수를 높이는 노하우를 많이 가진 사람이다. 그 호감도를 협상을 할 때 밖으로 끌어낸다면 우리는 분명 더 많은 것을 성취하며 살아가게 되리라 확신한다.

✅ **한 줄 POINT**

인생에서 무언가 이루고 싶다면,

지목을 통해 상대방에게 내가 원하는 바를 요청하라!

복장 하나로 수백만 달러를 벌어들인 사나이

나폴레옹은, "사람은 그가 입은 제복대로의 인간이 된다"고 말했다. 영화 〈캐치 미 이프 유 캔Catch Me If You Can〉을 본 적 있는가? 1960년대 고등학생인 프랭크 에버그네일 주니어(레오나르도 디카프리오)의 아버지는 사업자금으로 은행의 융자가 절실하게 필요한 상황에서 아들에게 그럴듯한 턱시도를 입혀서 운전기사처럼 꾸미고, 자기는 차의 뒷좌석에 앉아 은행을 찾아간다. 그리고 아들에게 이렇게 말한다.

"양키스 팀이 왜 항상 이기는지 아니? 왜냐하면, 다른 팀이 그 유니폼의 줄무늬를 쳐다보지 않을 수 없기 때문이야.

You know why Yankees always win, frank?

It's 'cause the other teams can't stop staring at those damn pinstripes."

즉, 뉴욕 양키스가 항상 이기는 것은 단지 선수들이 유능해서만이 아니라 상대 팀이 양키스의 유니폼을 보고 '쟤들한텐 절대로 이길 수 없어' 하고 자신감을 잃기 때문이라는 것이다. 요컨대 중요한 것은 상대에게 '어떤 이미지를 심어주느냐' 하는 것이다. 협상에서도 마찬가지다.

많은 사람들이 입을 떼는 순간 협상이 시작된다고 생각한다. 하지만 내 생각은 다르다. 협상은 얼굴을 보는 그 순간부터 시작이다. 사람들은 누군가의 말을 귀담아 들을지, 안 들을지 무의식적으로 판단한다. 그리고 무의식은 외적인 이미지에 크게 영향을 받는다.

옷을 보고 회사 내 직급을 알아볼 수도 있을까? 예를 들어 어떤 매장에 들어갔는데 매장에서 일하는 A라는 사람은 넥타이를 매고 격식에 맞는 정장 차림 그대로를 각 있게 입고 있고, B라는 사람은 재킷과 넥타이를 풀고 와이셔츠만 입고 편안한 모습으로 있다고 생각해보자. 복장만 봤을 때 누가 더 직급이 높은 사람이라고 생각될까? 우리는 무의식적으로 후자를 더 높은 직급의 사람이라고 판단할 확률이 높다. 이는 계약률에도 영향을 미칠 수 있다. 왜냐하면, 전문적인 것을 물을 때에는 좀 더 직급이 높은 사람에게 묻고 싶어질 테니 말이다.

그렇다면 우리는 어떠한 모습으로 응대해야 할 것인가? 고객이 신뢰할 수 있는 전문가의 모습을 스스로 연출할 수 있어야 한다.

수강생분 중에 실제로 의료장비를 세일즈하던 분이 있었다. 의사들을 대상으로 세일즈를 했는데, 길게 상대해주는 사람은 아무도 없었다. 처음에 얼굴을 보자마자 설명을 들어볼 생각조차 하지 않는다는 것이 문제였다. 그분은 복장만 봐도 세일즈맨이라는 것을 단번에 알아볼 수 있는 모습이었다. 우선 대화를 가능하게 하려면 이미지를 바꿀 필요가 있었다. 그가 누구인지 몰라보게 만들어서 이야기를 더 들어볼 수밖에 없게끔 하고 화법을 바꾸자 빠른 시간 안에 성과가 나타나기 시작했다.

그런 면에서 나는 지난 대선 때 대통령 후보 중 한 분이 정장을 벗고 편안한 니트 차림의 패션을 선보인 것은 참 좋은 전략이었다고 생각한다. 보는 사람도 친근감을 느껴 어쩐지 마음이 편안해졌던 것 같다. 이처럼 누군가의 이야기를 들어볼 것인가, 말 것인가를 결정하는 데에는 '이미지'가 큰 역할을 한다.

다시 영화 〈캐치 미 이프 유 캔〉의 이야기로 돌아와보자. 유감스럽게도 프랭크의 아버지는 끝내 사업에 실패한다. 그러나 프랭크는 아버지의 교훈을 가슴에 새기고 실행에 옮긴다. 집안이 몰락하고 가출한 프랭크는 돈을 벌기 위해 수표를 위조하기 시작한다. 그리고 위조수표의 성공 여부는 수표를 내놓는 사람의 신분, 즉 이미지에 달려 있음을 알고 자신의 정체를 속이기 시작한다.

당시 가장 잘나가는 직업이었던 비행기 조종사에서 의사로, 특수요원으로 다시 변호사로 끊임없이 변신한 그는 결국 프랑스에서 FBI 요원에게 체포되기 전까지 최소한 5년간, 250만 달러를 위조하며 전 세계를 돌아다녔고, 심지어 변호사 자격증까지 취득했다.

그는 수감생활의 대부분을 FBI에서 위조수표 수사담당 요원으로 일했다. 그만큼 수표 위조에 대해 아는 사람이 아무도 없었기 때문이다. 형기를 마치고 나서 그는 위조가 불가능한 수표 제조법에 대한 특허를 내서 수백만 달러를 벌었고, 결국 잘 나가는 보안회사의 대표가 되었다. 이 실감 나는 영화는 모든 이야기가 실화에 바탕을 두고 있다.

그렇다면 우리가 기억해야 할 점은 무엇인가? 바로 이미지라는 것을 봤을 때 같은 사람도 어떻게 입고 말하고 행동하느냐에 따라 다르게 보인다는 사실이다. 실제로 한 방송사의 실험에 따르면 캐주얼을 입었느냐, 정장을 입었느냐에 따라 그 사람의 매력은 물론 '예상 연봉'도 다르게 인식되는 것으로 나타났다. 전문가처럼 보이고 싶은가? 그렇다면 전문가처럼 입고 말하고 행동해보자. 이해를 돕기 위해 조금은 자극적인 이야기를 들고 왔지만, 내가 당부하고 싶은 말이 있다. 그것은 외적인 부분도 중요하지만, 내적인 아름다움과 내실이 분명 겸비되어야 한다는 것이다. 그래야만 롱런 long-run할 수 있다.

경험이 많든, 그리 많지 않든 간에 삶의 현장에서 승자가 되기 위한 노력은 언제나 필요하다는 생각이 든다. 왜냐하면, 우리는 타인을 떠나 혼자서는 살아갈 수 없는 존재들이기 때문이다.

☑ 한 줄 POINT

인생에서 무언가 이루고 싶다면,

상대방에게 비치는 내 모습을 바꿔라!

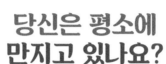

당신은 평소에
만지고 있나요?

배우자가 먼저 사망하고 나서 남자보다 여자가 더 오래 사는 이유는 무엇일까? 여자들은 남편이 아니더라도 자녀가 되었든 손자가 되었든, 많은 사람들과 스킨십을 하는 반면, 남자들은 스킨십을 할 사람이 없어서 그만큼 오래 살지 못한다는 이야기를 들은 적이 있다.

우리가 웃고 다니고 스킨십도 잘하면 대한민국 사람들의 수명을 연장시켜주는 좋은 일을 하는 것이다. 그렇다고 내가 거창하게 '수명을 연장시키자'라는 말을 하려는 것일까? 사실 스킨십을 강조하는 진짜 이유는 따로 있다. 그 이유는 바로 다음 이야기에서 찾아볼 수 있다.

식당에서 "화장실이 어디에 있어요?"라고 물었을 때 A직원은 "저쪽으로 가시면 됩니다"라고 이야기하고, B직원은 같은 대답을 하더라도 "저쪽"이라는 말을 하면서 살짝 팔 부분을 터치한다면 누가 더 기억에 남을 확률이 클까? 바로 후자다. 스킨십이 기억에 더욱 남게 만들어주는 것이다. 이렇듯 누군가 자신을 터치하면 머릿속에 강렬하게 각인이 된다. 우리는 이를 위해서 스킨십을 활용해야 한다.

거부감은 주지 않는 선에서 스킨십을 하면 상대는 인정받는다고 느낄 뿐 아니라 서로가 친밀하다고 느껴 대화가, 혹은 일이 더 쉽게 풀릴 것이다.

얼굴을 마주하는 순간부터 타인과의 협상은 시작이 된다. 상대방과 무언가를 이루어내고 싶은 협상가라면 친밀감을 느낄 수 있는 환경을 조성해야 한다. "이쪽으로 가시죠"라고 안내하는 경우에도 가벼운 스킨십이 가능하다. 무언가 배려받았다는 느낌이 들 정도로만 터치하면 좋은 느낌을 전달할 수 있다. 시간은 한 2초 정도면 적당하다.

예전에 한 여성분이 나에게 와서 울며 말했다. 남편이 정말 몇 년 만에 꽃다발을 사 왔는데 자기도 모르게 남편에게 화를 내며 "이런 거 사 올 돈 있으면 쌀이나 사와!"라고 했다는 것이다. 순간 나는, 어렵게 꽃다발을 골랐을 남편분의 마음과 아끼는 생활에 젖어 자신도 모르게 남편에게 상처를 준 것 같아 눈시울을 적시는 그녀를 보며 서로의 마음이 전해져 가슴이 뭉클했다.

나는 그녀에게 삶에 찌들어 살다 보니 여유를 잃게 된 것일 뿐이라며 위로했다. 그리고 앞으로는 그런 일이 일어나지 않기를 바라는 마음으로 예전에 들었던 이야기를 들려주었다. 그것은 다름 아닌 할아버지들이 다방에 가는 이유였다. 혹시 그 이유를 들어보았는가? 그 이유는 바로 똑같은 5만 원을 써도 아내와의 반응이 다르기 때문이라고 한다. 가령 집에 5만 원을 가져다주면 아내는 "이것도 돈이냐, 더 갖고 와라"라고 하면서 바가지를 긁는 데 비해, 다방에 가서 5만 원을 주면 손도 잡아주고 최고로 대접받는 기분이 들기 때문이라는 것이다. 어린 시절, 주변 사람들의 따뜻한 손길을 추억하는 것처럼 나이가 들어도 여전히 누군가의 손길을 갈망하는 건 바로 나 스스로의 존재감을 확인받고 싶은 것은 아닐까 한다.

당신은 누군가를 만지고 있는가? 누군가와 가장 빠르게 친해지는 방법은 다름 아닌 스킨십이다. 친근감 있게 상대에게 다가가라. 금세 친근해질 것이다.

✔ 한 줄 POINT

인생에서 무언가 이루고 싶다면,

스킨십을 효과적으로 사용하라. 그러면 친밀감 그 이상의 가치로 돌아온다!

어떻게 고래를
춤추게 할 것인가

나폴레옹은 칭찬받기를 싫어하는 것으로 유명했다고 한다. 그러던 어느 날, 나폴레옹에게 한 부하가 찾아와 이렇게 말했다.

"각하, 저는 각하를 대단히 존경합니다. 칭찬을 싫어하는 각하의 성품이 마음에 들기 때문입니다."

그 말을 들은 나폴레옹이 몹시 흐뭇해했다는 일화가 있다. 결국 나폴레옹도 칭찬을 좋아하는 사람이었던 것이다. 왜냐하면 칭찬을 싫어하는 그 성품이 마음에 들었다는 말 자체가 칭찬을 의미하기 때문이다.

어느 날 친분이 있는 한 교수님이 이런 말씀을 해주셨다.

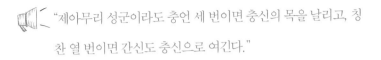 "제아무리 성군이라도 충언 세 번이면 충신의 목을 날리고, 칭찬 열 번이면 간신도 충신으로 여긴다."

사람들은 그만큼 칭찬을 좋아한다. 왜냐하면, 칭찬을 통해 자신의 존재감을 확인할 수 있기 때문이다. 만약 당신이 성군의 위치라면 칭찬을 듣더라도 이를 경계하고 계속해서 중심을 잡기 바란다. 만약 당신이 누군가를 칭찬하고 싶다면 절대로 과하지 않게, 상대에게 있는 그대로의 좋은 점을 표현하는 방법을 익히길 바란다. 그렇다면 어떻게 칭찬할 것인가?

결론을 먼저 말하자면 첫째, 과하게 하지 마라. 둘째, 구체적으로 들려줘라. 셋째, 근거를 제시해줘라. 넷째, 상대가 없는 자리에서도 좋게 이야기하라. 다섯째, 실망할 만한 이야기부터 꺼내 반전을 줘라.

내가 이러한 것을 연구하게 된 배경이 있다. 바로 내 전공 덕분이었다. 나의 전공은 유아교육이다. 현재 유아교육 현장에서 일을 하고 있지는 않지만, 당시에 배웠던 것들이 나에게 많은 도움이 되고 있다.

7세 아이들을 가르치게 되었을 때 나는 결심했다.

'하루에 한 번씩은 꼭 아이들을 칭찬해주고 집에 보내야지.'

'매일 아침 아이들이 등원할 때마다 꼭 한 번씩 안아줘야지.'

이것이 나와의 약속이었다. 왜냐하면, 나는 피아노도 잘 못치고, 만들기도 잘 못하는, 쉽게 말해 손재주가 영 젬병인 담임이었기 때문에 사랑이라도 듬뿍 주고 싶은 마음이었다.

이때 하는 칭찬은 "잘했네, 착하다" 등의 간단한 말이 아니다. "그림 그리는 게 재미있어 보이네. 선생님한테 소개 좀 해줄래? 아, 우주선 창문을 이렇게 멋지게 그릴 수도 있구나" 하는 식으로 상세하게 칭찬을 해주는 것이다. 그러면 뒷날 어떤 일이 벌어질까? 아이는 신이 나서 내게 뛰어와 "선생님, 이건 우주선 2호인데요"라고 말하기 시작한다.

피아노를 치는 아이에게도 "선생님보다 피아노를 더 잘 치는데? 언제 한번 우리 창의반을 위해서 연주해주면 친구들이 참 좋아하겠다"라고 말해준 결과 아이의 피아노 실력이 하루가 다르게 좋아지는 것을 경험했다.

신기하게도 이것도 훈련인지 습관처럼 굳어지자 칭찬거리가 더 잘 보이기 시작했다. 그리고 나의 표현법은 더욱 풍부해졌다. 어느새 나는 다른 사람들을 만나도 무의식적으로 칭찬거리를 찾게 되었다. 포인트는 꼭 구체적이어야 하고, 상대방 스스로도 납득할 수 있는 것이어야 한다는 것이다.

그렇다면 잘못된 칭찬, 삼가야 할 칭찬에는 어떤 것들이 있을까? 실제로 내 눈앞에서 아래와 같이 칭찬하는 한 남성분을 만날 수 있었다.

"옷이 참 예쁘네요. 저희 어머니 옷 같아요."

이 말에 당신이라면 어떻게 느끼겠는가? 물론 실제 그분이 의도했던 내용은 어머니처럼 친근감과 정감이 느껴진다는 것이었다. 어쩌면 덕분에 향수에 젖게 되었다는 점을 말하고 싶었을지도 모른다. 하지만 상대는 내가 의도한 것과는 다르게 받아들일 수도 있다. 여자는 나이가 들어도 여전히 어려 보이고, 아름답다는 말을 듣고 싶어 한다는 사실을 기억하자.

잘못된 칭찬의 예를 하나 더 들어보자.

웃기게 여자 판매원이 남자 손님에게 "뭔가 느낌이 교장 선생님 같으세요"라고 칭찬을 했다. 그 손님이 왜 그런지 묻자 이 판매원은 "무언가 세심해 보이는 것 같아요"라고 말했다. 우리가 떠올리는 교장 선생님의 이미지는 가지각색일 것이다. 긍정적일 수도 있지만, 그와 반대로 권위적이라거나 딱딱해 보인다 등의 면을 떠올릴 수도 있는 것이다. 이렇듯 다양한 의미를 내포하고 있는 말은 칭찬으로 적합하지 않다. 각자의 해석에 따라 다르게 들릴 수 있기 때문이다.

만약 꼭 교장선생님이라는 단어를 써서 칭찬의 말을 하고 싶다면 이렇게 표현해보면 어떨까?

"간혹 '아, 저분은 높은 위치에 있겠다'는 느낌이 드는 분이 계신데 처음 뵌 순간 그런 느낌이 들었습니다. 그리고 뭔가 진솔해 보이시고 점잖아 보이시는 것이 학교로 치면 교장 선생님이시지 않을까 싶었습니다."

이렇게 말하면 같은 말이라도 기분이 좋아질 것이다.

한편 칭찬에도 적절한 시기가 존재한다. 일단 처음부터 칭찬을 하는 것은 금물이다. 만약 누군가 만나자마자 칭찬부터 한다면 '나에게 무슨 의도를 갖고 접근하는 걸까?' 하는 생각이 들 수 있다. 나 역시 처음부터 나에게 과도한 칭찬을 하는 사람을 만나면 나도 모르게 경계를 하게 된다.

나는 누군가에게 "얼굴이 참 동안이세요"라는 칭찬을 들으면 그 말이 그리 와닿지 않는다. 왜냐하면, 그 사람은 내 나이도 모르면서 하는 말이니 상투적인 칭찬으로밖에 들리지 않는 것이다. '내 나이를 아나?' 속으로 이런 생각을 하게 된다. 이처럼 잘못된 칭찬도 피해야 하지만, 처음부터 과도한 칭찬을 하는 것도 좋지 않다.

첫 대면에서 "목소리보다 실물이 더 인상이 좋으시네요"라는 정도의 말은 괜찮겠지만, "아, 너무 예쁘시네요. 미인이세요"라면서 바로 수위 높은 칭찬을 하면 진정성이 좀 퇴색되지 않을까? 그것이 진심이라고 하더라도 처음부터 그렇게 말하는 것보다 이왕이면 대화 중간 즈음에 조심스럽게 말하는 것이 좋다.

"(실제 닮은 배우가 있다면) 실례가 안 된다면 영화배우 ○○○ 어떻게 생각하세요? 웃을 때 살짝 닮으셔서요", 혹은 "이런 이야기 어떻게 들리실지 모르겠지만, 처음 뵀을 때부터 ○○○ 닮았다고 생각했어요"라고 말한다면 그때는 기분 좋은 칭찬이 되는 것이다. 이 경우 왜 괜찮은 칭찬이 되는 것일까? "실례가 안 되면"이라는 말 뒤에 실례되는 이야기가 올 거라 생각했는데 반전이 있어서 더 기쁜 것이다.

뜬금없는 칭찬이나 맥락 없이 상황과 전혀 연결되지 않는 칭찬은 하지 마라. 이는 도리어 마음의 벽을 만들 수 있다. 칭찬을 할 때에도 이유를 제시하고 납득할 수 있는 근거를 제시해야 마땅하다. 자신의 이야기를 섞어가며 구체적으로 칭찬해주는 것도 좋다.

> "제가 사실 눈썹이 진하지 않다 보니까 눈썹이 풍성한 분을 보면 유심히 보게 되거든요. 눈썹이 참 풍성하셔서 부럽네요."

이런 식으로 나한테 없는데 상대방에게는 있는 것을 찾아내어 자신의 상황에 대입해 칭찬해주면 더욱 기분 좋아지게 된다.

무엇보다 가장 좋은 경우는 다른 사람을 통해 칭찬을 전해 듣는 것이다. 이런 칭찬이야말로 최상의 칭찬이다. 혹은 조금 실망할 법한 말 뒤에 칭찬을 하는 방법이 있다.

> "사실 처음에 봤을 때 얼굴만 이쁜 것이겠거니 했거든요. 그런데 얘기를 나눌수록 더 매력적이라고 느끼게 되는 것 같아요."

이런 방식의 칭찬이 "처음부터 호감이었거든요"라고 말하는 것보다 훨씬 더 기분이 좋을 것이다.

여기서 가장 기억해야 할 점은 진심이 아닌 칭찬은 금세 들통 난다는 것이다. 그렇기 때문에 평소 만나는 모든 사람에게서 좋은 점을 찾아낸다면 그것은 나의 생활이 될 것이고, 만나는 사람들의 좋은 점이 더욱 많이 보이게 되니 갈수록 선순환이 될 것이다. 진심 어린 마음을 담아, 되도록 구체적으로 자세하게 칭찬하도록 하자. 칭찬거리를 발견하는 것도 습관이다. 그것을 우리의 가정과 직장에, 혹은 당신이 있는 곳 100M 전방을 밝히는 것을 목표로!

✔️ 한 줄 POINT

인생에서 무언가 이루고 싶다면,

누군가를 칭찬하라. 반드시 상황에 맞게, 적절하게, 과하지 않게!

"저, 잠시 화장 좀 고치고 올게요"

이야기를 할 때 상대가 내 말을 집중해서 듣는 것 같지 않거나 잘 안 따르는 경우가 있다. 그럴 때에는 분위기를 한 번씩 바꿔줘야 한다. 그럴 땐 어떻게 해야 할까?

예를 들어 다음과 같이 이야기하면 상황을 다시 편하게 만들 수 있다.

> "잠시 화장실 좀 다녀올게요."
>
> "창문 좀 열어도 될까요?"
>
> "잠시만 몸 좀 풀고 하시죠."

그렇지 않으면 침체된 분위기가 그대로 이어져 내가 원하는 결과를 얻지 못하게 될 수 있다. 환기를 시킴으로써 분위기를 좋은 방향으로 다시 스윽 바꿔줘야 한다.

예전에 유머감각이 좋은 한 남성 대표님이 사람들과 있을 때 화장실 다녀오겠다는 말을 이렇게 하신다는 이야기를 들은 적이 있다.

"형님들, 저 잠시 화장실 가서 화장 좀 고치고 오겠습니다!"

그럼 자리에 있던 분들이 하나같이 크게 웃으신다는 거였다. 이렇듯 유머로써 환기를 시키면 더욱 분위기가 좋아질 수 있다.

만약 집에서 용돈을 타야 한다거나, 여행을 가야 하는데 부모님의 허락을 받아야 하는 상황 등에서 분위기가 심상치 않다면? 바로 그때가 환기를 시키기 위해 기지개를 켜야 하는 순간이다. 잠시 여유를 갖고 자리를 피하든 2차전을 준비하는 것이 현명한 방법이다. 왜냐하면 사람의 심리에는 관성이 있어서 내가 말한 것을 계속해서 지켜나가려는 습성이 있기 때문이다.

마음속으로 이렇게 외쳐라.

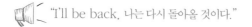 "I'll be back. 나는 다시 돌아올 것이다."

이제부터 일상생활에서 위기 상황에 직면했을 때, 보다 재치있게 상황을 이끌어가는 방법에 대해 이야기해보려고 한다.

거절을 거절이라고 생각하면 포기하게 되지만, 게임의 한 일종이라고 생각하면 재미있게 즐기게 된다. 다음에는 어떤 패를 내밀어볼까 하고 말이다.

만약 당신이 무언가를 판매하는 사람이라면 무리하게 금액을 깎아달라는 고객을 만나는 경우도 간혹 있을 것이다. 이런 때에도 상황을 역전시킬 토대를 마련하는 것이 중요하다.

그렇다면 어떻게 하는 것이 좋을까? 그들과의 협상을 가능하게 하기 위해 기억해야 할 점이 있다. 바로 고객의 심리를 이용하는 것이다. 그들은 무엇이든 얻어내고 싶어 한다는 것, 꼭 그것이 가격이 아니어도 된다는 것, 바로 이 점을 상기하는 것이다. 가격 대신 배려해주거나 줄 수 있는 것을 찾아보자. 무언가를 얻어냈다는 사실만으로도 고객은 쾌재를 부르게 될 것이다.

여기 아주 재밌는 스토리가 있다. 어떤 남자가 자신의 집 담벼락에 사람들이 매번 자전거를 세워두는 것이 싫어서 요청도 해보고 협박의 글도 붙여보았다. 하지만 도무지 소용이 없었다. 그는 남의 자전거를 자기 맘대로 치울 수도 없어서 이 일을 어떻게 하면 해결할 수 있을까 몇 날 며칠을 고민했다.

절대 이곳에 자전거를 세우면 안 된다는 인식을 심어줄 방법을 고민한 끝에 그는 한 가지 묘안을 생각해냈다. "여기 세워진 자전거는 모두 공짜입니다, 마음대로 가져가세요"라는 글을 써 붙인 것이다. 그러자 다음 날부터 자전거로 인한 고민은 사라졌다. 이 남자는 사람들이 손해 볼 수 있는 상황을 예고함으로써 불쾌한 일을 만들지 않고 문제를 신사답게 해결할 수 있었다.

위기를 극복하고 재치 있게 상황을 역전시키는 협상가들을 볼 때마다 나는 내면의 통쾌함을 느낀다. 우리 협상러들 모두 협상가로서의 잠재능력이 꿈틀대고 있는 한 사람이라는 생각에 흐뭇한 미소를 띠우며…….

✔️ 한 줄 POINT

인생에서 무언가 이루고 싶다면,

위기의 순간에 분위기를 전환하라. 분위기 전환도 강력한 협상의 방법이다!

누이 좋고 매부 좋은
공생의 법칙

아무리 훌륭한 능력을 가졌어도 말로 훌륭하게 구사해내지 못하면 사람들은 그의 능력을 파악하기 어렵다. 승부사로서 다른 사람들을 설득할 수 있어야 기회의 문을 두드릴 수 있다. 기회의 문은 곧 성공의 문인 동시에 우리 자신을 다른 사람에게 자연스럽게 드러낼 수 있는 문이 되기도 한다.

NEGOTIATION

골칫거리,
돈 한 푼 안 들이고 해결하기

비즈니스에 있어 유달리 남과 다르게 멋진 결과를 만들어내는 사람들이 있다. 그들의 재치 있는 모습은 보는 사람들을 유쾌하게 한다. 여기 한 사람을 소개해보려고 한다. 장소는 내가 태어나고 자란 제주다.

제주는 겨울이면 승마장이나 카트클럽 등 대부분이 비수기다. 대부분의 자영업자들은 이 시기를 한가한 때로 생각하지만 비수기를 가장 바쁘게 보내는 한 사람이 있다. 제주에 있는 한 테마파크, 이곳을 운영하고 있는 이은주 대표의 이야기이다.

이 테마파크는 비수기에 보수 공사를 하거나 코스를 재정비하는 등 준비할 일이 많다. 손님이 오는 시기뿐만 아니라 그때를 위해 철저히 준비하는 마인드가 빛나는 곳으로 알려져 있다. 하지만 이곳에

골칫거리가 하나 있었다. 승마장, 카트클럽과 함께 운영하는 카페가 문제였다.

날이 따뜻해지면 말들의 배설물 같은 것들 때문에 파리들이 카페 안에 들어왔고, 영업을 하는 데 있어 난처한 상황이 생기곤 했다. 이 대표는 이 귀찮은 파리를 없애는 방법을 고민했다.

업체를 부르거나 방충망, 자동문, 해충박멸 기계 등을 설치하며 몇 천만 원의 비용을 쓰기도 했다. 그렇게 여러 시도를 해봤지만 모두 근본적인 해결 방법이 되지 못했다. 그러자 돈을 쓰지 않고 문제를 해결할 방법이 없을지 고민하였다. 고민을 거듭하던 그녀에게 번득이는 아이디어가 떠올랐다. 준비물은 파리채 20개와 우산꽂이가 전부였다. 그녀의 아이디어는 무엇이었을까?

정답은 매장 앞에 쓰여 있는 팻말에서 찾을 수 있었다.

파리 잡기 체험
체험비 무료!

파리 잡는 것을 체험한다? 손님들이 주로 도시에서 오고 그들의 자녀들은 파리채를 잡는 것 자체가 낯설고 흥미로운 체험이 될 거라 생각했던 것이다. 이 체험이 의외의 인기를 끌었고 열정적으로 파리를 잡는 고객에게는 힘내라고 아이스티를 무료로 제공하기도 하는 등 그녀의 역발상으로 골칫거리이던 파리는 거짓말처럼 사라졌다. 파리채 외에는 돈 한 푼 들이지 않고 말이다.

상대와 가까워지고 싶다면 비키니를 입어라

공공연한 비밀이지만, 나는 도시 사람처럼 보이고 싶어서 코에 필러 시술을 받았다. 그래서 나는 강의를 할 때 "혹시 다음에 저를 만났을 때 콧대가 낮아져 있어도 놀라지들 말고 태연한 척해달라"고 우스갯소리를 하곤 한다. 제주에서 막 상경했을 그즈음 겪었던 한 일화를 소개할까 한다.

어느 날 나는 코에 필러 주사를 맞기 위해 실력이 좋기로 소문난 A병원에 상담을 받으러 갔다.

> A의사: 어떻게 오셨어요?
> 나: 코에 필러 좀 맞아보려고요.
> A의사: 코에 필러요?"

의사선생님은 몇 번 코를 만지더니 재질은 레스틸렌을 넣으면 될 것 같고, 몇 밀리 정도 넣으면 될 것 같다고 혼잣말을 하고서 "OK, 밖에 나가서 실장님이랑 얘기 나누시면 될 것 같아요"라고 말했다. 그렇게 상담은 끝이 났다.

또 다른 B 병원의 의사선생님은 이런 식으로 질문을 던졌다.

> 나: 코에 필러 좀 맞아보려고요.
>
> B의사: 지금도 예쁜데 왜요?
>
> 나: 도시적인 코를 좀 갖고 싶어서요.
>
> B의사: 본인이 생각하는 도시적인 코는 어떤 코인가요?
>
> 나: 음, 그러니까 제가 생각하는 도시적인 코는요, 산근에서부터 떨어져서 밑으로 시원하게 빠지는 코요!
>
> B의사: 그러니까 본인이 생각하는 예쁜 도시적인 코는 상단에서부터 시작해서 끝으로 빠지는 코가 맞나요?

A병원과 B병원 중 나는 어디서 시술을 받았을까? 예상했겠지만 B 병원이다. "지금도 예쁜데 왜요?"라는 대목에서 이미 반쯤 마음이 열

러버렸다. 그런데 우습게도 B병원이 협상은 더 잘하는데, 시술은 A병원이 더 잘하는 것 같다. 왜냐하면, 막상 코에 주사를 맞고 보니 시술이 좀 잘못되었기 때문이다. 그래서 나는 웃을 때 코가 울퉁불퉁하다. 그렇다고 나를 만났을 때 내 코만 빤히 보지는 않기를……

여기서 주목할 점은 협상에 있어 누가 성공했는가 하는 것이다. A병원에서 시술을 했다면 물론 잘되었을 수도 있을 것이다. 왜냐하면 잘한다는 소문을 이미 듣고 찾아간 거였기 때문이다. 그러나 나와의 협상에 성공한 곳은 B병원이다. 그 이유가 무엇일까? 여기에 중요한 포인트가 숨어 있다.

B병원의 원장님은 상담을 할 때 나에게 설명이 아니라 질문을 했다. "오늘 어떻게 오셨어요?", "지금도 예쁜데 왜요?", "본인이 생각하는 코는 어떤 코인데요?" 등등 계속해서 질문을 했을 뿐 나에게 어떤 코를 만들어주겠다는 말을 하지는 않았다. 질문을 계속하면 사람들은 은연중에 상대가 해결책을 가지고 있을 것이라고 믿게 된다. 이것이 질문이 가지고 있는 힘이다. 질문은 상대의 마음을 사로잡고 협상에 있어 우위를 점하게 해주는 묘수라고 할 수 있다. 실제로 실력 면에선 A병원이 더 낫다는 이야기도 들리니, 실력 있는 병원일수록 내원자들의 더 나은 미모를 위해 질문 방법을 좀 연구하면 어떨까 하는 바람이다.

그렇다면 나는 지금 이 이야기를 왜 꺼냈을까? 바로 이것이 포인트다. 물론 협상의 사례를 들려주고자 하는 이유도 있지만, 진짜 이유는 이 책을 읽고 있는 당신과 더욱 친밀해지고 싶기 때문이다. 가끔 상대방과 친해지고 싶어서 자신의 몸을 더 부풀리거나 화려한 옷을 더 껴입는 사람들을 보곤 한다. 그런데 재미있는 건 사람들은 대부분 자신을 내려놓는 사람을 좀 더 편안하게 생각하는 경향이 있다는 것이다.

보다 많은 사람들과 함께하고 싶다면 화려한 옷을 입고 다가갈 것이 아니라 사람들이 편안함을 느낄 수 있도록 자신의 약점 혹은 비밀을 내보이는 것도 하나의 방편이다. 실제로 내가 코 필러 이야기를 하면 꽤 많은 사람들이 갑자기 활짝 웃는다. 그러고는 "콧대 높은 여자였네요? 그래도 그렇게 많이 티 나지는 않아요, 하하"라며 위로를 건네주기도 한다.

바로 그 순간 우리는 심층적으로 10미터 더 가까워진다. 이것이 바로 내가 코 시술이 잘못되었음에도 재시술을 할 수 없는 이유이기도 하다.

☑ **한 줄 POINT**

인생에서 무언가 이루고 싶다면,

사람이 마음의 문을 여는 원리를 이해하고 상대에게 자신 있게 다가가라!

30초 안에 상대의 마음을 사로잡아라

어느 날 나의 특강시간에 한 여자분이 앞에 나와서 자신을 소개했다.

"안녕하세요. 분당에서 레스토랑을 운영하고 있는 ○○○입니다. 오늘 친구가 가자고 해서 한번 와봤는데 좋은 시간이 되었으면 합니다."

이 말만 듣고 사람들이 그녀에게 매력을 느낄 수 있었을까? 이때 어떻게 하면 좀 더 매력적인 사람으로 어필할 수 있을까? 나는 즉석에서 다음과 같이 멘트를 바꿔주었다.

"안녕하세요. 혹시 이런 곳이 있다면 어떨까요? 잘 아는 레스
토랑이 있어서 그곳에 갈 때마다 VIP 대접을 해주고, 음식이
라도 서비스로 더 가져다주는 곳이요. 그리고 그 주인이 갈
때마다 동행한 일행들 앞에서 나를 치켜세워준다면, 여러분
이 사업하시는 데 있어 도움이 좀 될까요? 만나서 반갑습니
다. 여러분의 일행들 앞에서 어깨를 으쓱하게 해드릴, 분당에
서 레스토랑을 운영하는 ㅇㅇㅇ라고 합니다."

순간 큰 박수가 터져나왔다. 그 이유가 무엇일까? 이 말 속에는
사람들의 심리를 자극하는 무엇인가가 숨어 있기 때문
이다. 그것은 바로 '이득 제시'의 힘이다. 30초 안에 상대
의 마음을 사로잡기 위해서는 내가 상대에게 이익을 줄
수 있는 존재라는 사실을 각인시켜야 한다.
　일상 속에서 대부분의 사람들은 상대방이 나에게 도움을 줄 수 있
는지 아닌지를 최우선적으로 판단한다고 한다. 따라서 자신의 강점
과 상대의 이익을 연결시킬 수 있다면 굳이 애써 노력할 필요 없다.
상대방이 알아서 찾아오기 때문이다.

　《말하기의 기술: 3분 만에 마음을 얻는》의 저자 오쿠시 아유미는
이렇게 말했다.

사람들은 누구나 자신에게 도움이 되는 사람을 좋아한다. 친구들과의 관계도 알고 보면 '감정적 이득'이 관련되어 있다. 꼭 물질적 이득이 아니더라도 감정적 교류나 평안, 위안, 즐거움을 주는 사람과 어울리게 되는 것이다. 서로에게 힘을 주는 사람, 함께 있으면 웃을 수 있는 사람, 아니면 공공의 적을 흉보며 공감대를 느낄 수 있는 사람을 찾게 되는 것이다.

30초라는 짧은 시간 안에 메시지를 전달하기 위해서는 메시지를 키워드의 형태로 단순화시켜야 한다. 즉, 문장 전체를 암기하는 것이 아니라 자신을 나타낼 수 있는 몇 개의 키워드를 머릿속에 넣고 다니다가 적재적소에 맞게 자연스러운 문장으로 조합하는 것이 포인트다.

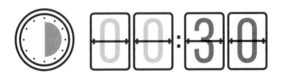

☑ 한 줄 POINT

인생에서 무언가 이루고 싶다면,

'한 시간 뒤가 아닌 30초 안에' 상대에게 나를 각인시켜야 한다!

대통령 후보들이 대선 때 쓰는 비밀스러운 방법

왜 대통령 후보들이 대선에 나와 무언가 할 수 있다고 힘주어 말할 때 자신의 가슴 부근을 손으로 짚는 것일까? 그것은 상대의 잠재의식 속에 내가 그런 것들을 가능하게 하는 사람이라는 인식을 심어주기 위해서다. 이런 방식은 여러 경우에 쓰일 수 있다. 안 좋은 것은 전부 경쟁자 쪽을 가리키면서 언급하는 것이다. 예를 들어 '경제 위기'는 상대를 가리키면서 말하고, '국민 안보'나 '경제 성장' 등의 말을 할 때에는 자신을 가리키는 형식이다.

말을 할 때에도 긍정적인 단어들을 사용하면 좋다. 예를 들어 "사람들은 신뢰가 가는 사람에게 일을 맡기고 싶어 합니다. 전문가라고 말하면 안정적인 방향으로 이끌어줄 거라는 믿음과 확신을 갖습니다"라고 말할 때 '신뢰, 전문가, 안정, 믿음, 확신' 등의 단어들을 언급

하면서 은근슬쩍 자신을 지목하는 것이다.

협상에 있어서도 중요한 요소가 바로 '긍정'이다. 고객과 이야기할 때 긍정적인 단어들을 연속적으로 배치하면 자연스레 상대는 나를 긍정적으로 인식한다.

한글날을 맞아 MBC에서 '문장을 만드는 언어능력 테스트'를 한 적이 있다. A실험자들에게는 젊은이를 연상시키는 단어 30개를 주며 문장을 만들어보라고 했고, B실험자들에게는 노인을 연상시키는 단어들만 주며 문장을 만들어보라고 했다. 이때 어떤 결과가 나타났을까? 당시 참가자들은 문장을 만들고 실험이 끝난 줄 알고 집으로 돌아갔지만, 사실 진짜 실험은 따로 있었다. 40미터에 걸쳐 입장할 때와 퇴장 직후의 걸음걸이 시간을 측정하고 있었던 것이다. 그렇다면 어떤 변화가 있었을까? 긍정적인 단어들로 문장을 만들었던 A팀은 평균 2초 32 이상씩 걸음걸이가 빨라졌고, 부정적인 단어들로 문장을 만들었던 B팀은 평균 2초 46 이상씩 걸음걸이가 느려졌다. 더 놀라운 것은 아무도 자신의 변화를 눈치 채지 못했다는 것이다.

어떤 단어에 노출되면 뇌는 일정 부분 자극을 받고 무엇인가를 할 준비를 하게 된다. 특정 단어는 뇌의 특정 부분을 자극해 자신도 모르는 행동을 하게끔 한다. 가령 '움직인다'라는 동사를 읽으면 뇌는 의식적으로 행동할 준비를 한다. 이렇듯 언어는 굉장히 강력한 힘을 지닌다고 할 수 있다.

만약 만나는 사람에게 "요즘 경기가 너무 어렵죠?"라거나 "부담 갖지 마시고 제 이야기를 한번 들어보시죠"라고 이야기하게 되면 어떻게 될까? 나의 말 때문에 경기가 어렵다는 점과 '부담'스러움을 떠올리게 될 것이다. 의외로 많은 사람들이 이런 잘못된 표현을 사용하고 있다. 이런 말보다는 "우리 편하게 이야기해보시죠"라고 하는 것이 좋다. '부담'보다는 '편함'을 뜻하는 단어를 써주는 것이 좋다는 말이다.

최면에서 "편안해진다, 편안해진다"와 같은 말을 반복하는 이유도 말 속에 힘이 있기 때문이다. 어떤 사람을 만나면 왠지 힘이 생기는 느낌이 들기도 하는데, 이것도 다 말의 힘에서 나오는 것이다. 결국 이런 지식도 실천해야만 한다. 아무리 배우더라도 습^習하지 않으면, 즉 익히지 않으면 아무 소용이 없다는 것을 다시 강조하고 싶다.

성인 교육계에 입문한 지 어언 8년차, 무엇을 하면 수강생들이 더 좋은 성과를 낼 수 있을까 고민하며 만들어낸 것이 배운 것을 익히게 하는 시스템이다. 한때 지식, 정보만을 전달하던 때도 있었다. 그러던 중 알게 되었다. 움직이지 않으니 성과가 나타나지 않는다는 것을 말이다. 그래서 움직이게 해야 했다. 어떻게 하면 사람을 변화시킬 수 있을까, 그것에 초점을 맞춘 순간 훨씬 더 좋은 성과들을 보이기 시작했다.

만약 특정한 단어나 말로 인해 인생의 방향이 달라진다면 어떨까? 말에는 행동을 독려하는 엄청난 힘이 숨어 있다. 언어는 단순히 그 단어를 접하는 것만으로도 알게 모르게 우리의 행동을 지배한다.

자신에 대한 긍정과 협상 당사자에 대한 긍정, 그리고 나를 긍정적으로 여길 수밖에 없는 많은 이유들을 준비한다면 협상은 보다 수월하고 능동적이며 효율적으로 이루어질 것이다.

✔️ **한 줄 POINT**

인생에서 무언가 이루고 싶다면,
긍정의 말과 나를 연결시켜라!

자네,
내 호텔 한번 맡아보겠나?

상대를 내 편으로 만드는 아주 간단한 방법이 있다.

첫째, 바로 우리라는 단어를 쓰는 것이다. 예를 들면 이런 식이다.

 "앞으로 우리가 몇 킬로그램 체중 감량을 목표로 해보면 좋을
까요? 몇 킬로그램 빼고 싶으세요?"

그러면 자신의 살을 함께 빼줄 것 같은 신뢰감이 들게 된다. 왜냐
하면 '당신이' 몇 킬로그램을 빼고 싶은지 물은 게 아니라 '우리가' 몇
킬로그램을 목표로 하면 좋을지 묻고 있기 때문이다. 이렇게 우리라
는 말은 큰 힘을 갖는다. 누구나 내 편인 것 같은 사람에게 편안함을
느끼고 의지하고 싶은 생각이 들게 마련이다.

둘째, 그들의 관점에서 봐주는 것이다.

여행박사 창업주 신창연 대표님이 초창기에 직접 만든 콘셉트 중에 '배로 가는 경제적 일본여행'이라는 테마가 있었다. 배는 여객용이 아니라 화물용으로만 인식되던 시절, 배를 타고 일본여행을 떠나는 고객은 손에 꼽힐 정도였다. 그때 신 대표님은 고객의 입장이 돼 봐야 한다며 직접 배를 타고 수십 차례 한국과 일본을 오가며 볼거리, 먹거리, 즐길 거리들을 발굴하고 개발했다. 그렇게 모은 정보들을 정리해서 비행기 대비 시간적, 금전적 장점에 대해 집중홍보 하자 고객들의 좋은 반응이 쏟아졌다.

고객의 입장에서 생각하는 전략, 남들과 다르게 생각하는 전략이 지금의 여행박사를 만든 것은 아닐까? 만나는 사람 모두에게 '특별한 존재'라는 느낌을 주며, 생활 속에서 늘 사람 냄새를 실천하고 있는 대표님께 딱 맞는 비즈니스의 콘셉트가 아닐까 생각한다.

셋째, 표현을 아끼지 않는 것이다.

얼마 전 공인중개사 일을 하시는 분께 전화가 걸려왔다. 커피숍을 차리기 위해 여러 부동산을 돌아보고 있는 한 손님이 있는데 어떻게 하면 계약 확률을 높일지 물어왔다. 이야기를 들어보니 계약 전 매장을 둘러보러 온다는 사람들은 어머니와 딸이었다. 어머니가 딸에게 커피숍을 차려주는 상황이었다. 이 계약에서 결정권자는 누구일까? 대부분 엄마라고 생각할 것이다. 만약 그렇다 한들, 결정권자가 엄마라고 해서 대화의 초점을 엄마에게만 맞춰서는 안 된다. 엄마에게만 초점을 맞춘다면 딸의 요구를 간과해 계약이 성사되지 않을 수도 있기 때문이다. 그렇다고 딸에게만 초점을 맞추면 엄마의 의사가 뒤로 밀릴 수 있었다. 나는 몇 가지를 묻고 그에 대한 해답으로 이렇게 이야기해보라고 조언했다.

> "저는 따님이 참 부럽네요. 젊으니까 부럽기도 하지만 사실 엄마가 딸에게 커피숍을 차려주기가 쉽지 않잖아요. 딸을 사랑하지 않는 엄마가 어디 있겠어요? 다들 해주고는 싶은데 능력이 안 되니까 못해주죠. 그런데 어머니는 능력이 있으셔서 따님에게 커피숍도 딱 차려주시니, 두 분 다 참 멋있고 부럽네요. 저도 이다음에 제 딸에게 이런 어머니가 돼주고 싶네요."

이 말을 넌지시 건네자 어머니가 매우 좋아하셨다고 한다. 결론은 어떻게 되었을까? 계약 성사가 이루어진 것은 물론, 자신의 아들과 한번 만나봤으면 좋겠다며 선 자리까지 주선해 주었다고 한다. 그저 계약 한 건을 올리는 것으로 끝날 수도 있는 상황에서 말 한마디로 남편을 얻을 뻔했다. 물론 위의 말이 자연스럽게 나올 수 있었던 것은 내 주변에 저런 모녀가 있었다면 부러워했을 거라는 나의 진심이 기반되었기 때문이다.

사람들은 표현에 인색한데 그것은 돈을 들이지 않고도

마음껏 쓸 수 있는 우리의 자산이다. 인정에 대한 표현을 아끼지 말자. 내 머릿속에만 있는 생각은 절대 상대방에게 전해질 수 없다. 말하는 나도 기쁘고, 듣는 상대도 기쁘다면 주저해야 할 이유가 없지 않겠는가.

2016년 6월 수강생분 중에 '화달'이라는 별칭을 갖게 되신 분이 있다. '화달'은 화재보험의 달인을 줄여서 부르는 명칭이다. 본인 표현으로 1년 동안 거의 아무런 성과를 못 내고 있던 '영업 초보자'이셨다. 그랬던 그분이 지금은 회사에서 '화달'이라는 애칭으로 불리며, 지점 대표로 나갈 정도로 계속해서 성장을 거듭하고 있다. 최근에는 열심히 하는 모습이 좋게 비춰져 단장님이 좋은 자리도 추천해주셨다고 한다.

이 분이 언젠가 나에게 의논을 하고 싶다고 찾아온 적이 있다. 숙박업 사장님과 미팅 약속이 잡혀 있는데 굉장히 큰 계약 건인 만큼 너무나 떨린다는 그분의 말을 듣고 나는 이렇게 물었다.

"사장님도 나중에 돈 벌게 되면 숙박 사업을 하고 싶어요?"

그분은 당연히 돈만 많으면 그 사업도 하고 싶다고 말했다. 그럼 이렇게 말해보라고 제안했다.

"사장님, 저도 나중에 돈을 많이 벌면 숙박시설 하나 짓는 게 꿈인데, 사장님은 이미 제 꿈을 이루셨네요."

그리고 이어서 느낀 그대로를 표현해보라고 했다.

🔊 "이 다음에 혹시라도 제가 돈을 많이 벌게 되면 그땐 제 꿈을
먼저 이루신 선배님으로서 이것저것 조언 좀 많이 해주세요."

내가 조언해준 대로 이야기하자 진지하던 그분이 갑자기 밝게 미
소를 지었다고 한다. 심지어 나중에는 그 사장님이 그분의 키맨이 되
어주기까지 했다고 한다. 키맨keyman이란 중요한 사람을 가리키는 말
이기도 하지만, 세일즈에서 키맨은 계속 고객을 소개시켜주는 사람
을 말한다. 더욱 놀라웠던 것은 그분이 운영하고 있는 숙
박시설이 10개 정도 있는데 그중 하나를 맡아보지 않겠
느냐는 제안까지 했다고 한다. 말 한마디가 모든 것을 결정했
다고 단정 지을 수는 없지만 자신의 편으로 느껴지는 말들이 상황을
바꾸는 데 상당한 역할을 한 것은 분명하다. "말 한마디에 천 냥 빚도
갚는다"는 말처럼 말 한마디로 상대의 기분을 좋게 할 수도 있고, 키
맨을 얻을 수도 있다.

위의 사례들에서 내가 조언을 해줬던 말들은 내가 실제로 그분들
을 만났다면 들려드렸을 이야기였다. 왜냐하면 나의 진심이니까 말
이다. 진심은 밖으로 표출될 필요가 있다. 나만 알고 있으
면 진심은 그렇게 묻혀버리고 만다. 이런 재치 있는 말
과 의사소통은 가족관계에서도 유용하다. 가정은 우리

의 부드러운 협상 대상이 되어야 할 1순위 장소다.

한번은 지인 중 한 분이 남편과 함께 있는 자리에서 시어머니에게 이런 말을 들었다고 했다.

🔊 "내 아들한테 잘해라."

그분이 "저 아범한테 잘해요"라고 답하자 시어머니는 "더 잘해줘라"라고 이야기했다고 한다. 그 이야기를 들은 나는 "다음부터 시어머니께 그런 얘기 안 듣게 해드릴까요?"라고 넌지시 물어보았다. 시어머니의 말이 어쩌면 잔소리처럼 들릴 수도 있었기 때문이었다. 나는 앞으로 이렇게 이야기해보도록 권했다.

🔊 "(남편을 보며) 당신, 어머님께 더 잘해드려야겠다. 이렇게 늘 아들 생각을 해주는 어머님이 어디 있어요? 이다음에 애들 크면 저도 어머니를 닮아야겠어요!"

그리고 시어머니에겐 이렇게 말해보라고 했다.

🔊 "어머니, 남편이 어머니를 닮아서 가족한테 참 잘하잖아요. 그러니 안 잘해줄 수가 없는 것 같아요. 더 노력할게요."

그러면 시어머니는 부모로서 인정받았다는 느낌을 받은 듯해 "너도 참 고생이 많다"라고 며느리를 같이 칭찬해줄 것이다. 혹시 표현을 안 하신다 해도 사람인데 어찌 기분이 좋지 않을 수 있겠는가? 그저 잔소리라고 생각하며 피하기만 할 것이 아니라 상대방의 좋은 점을 자꾸 발견해서 들려주는 습관을 들이기를 추천한다. 만나는 모든 사람에게 말이다. 그럼 관계가 한결 더 편해질 것이다.

성인이든 유아든, 사람의 정서는 거의 비슷하다. 사람은 자신을 믿고 지지해주는 존재에 힘입어 더욱 성장하게 되어 있다.

✅ 한 줄 POINT

인생에서 무언가 이루고 싶다면,

협상의 최우선순위에 상대방에 대한 인정이 있어야 한다!

당신이 모르고 있는
당신의 원초적 본능

1988년, 부시와 두카키스가 미국의 대통령 자리를 놓고 치열하게 선거운동을 펼쳤을 때의 일이다. 두 사람이 TV토론을 했을 때 재미있게도 어떤 여론기관에서 두 사람의 눈 깜빡임 횟수를 조사했다. 그 결과 토론하는 동안 두카키스 쪽이 눈을 깜빡거린 횟수가 더 많은 것으로 나타났다.

보통은 1분에 20회 정도 깜빡이는데, 두카키스는 그 세 배인 60회 이상 깜빡였다고 한다. 두카키스는 아마도 상당히 많이 긴장하고 있었던 것 같다. 이런 사소한 차이로 시청자들은 두카키스보다 부시 쪽이 대통령으로서 더 적합하다는 느낌을 받았다고 한다. 고작 눈 깜빡임 하나로 사람의 인상이 이렇듯 달라질 수 있다. 눈 깜빡거림의 많고 적음은 버릇일 수도 있지만, 눈을 자주 깜빡거리는 사람은 일반적으로 긴장감, 불안감이 많은 성격이라고 할 수 있다. 대화 도중에 눈을 깜빡이는 횟수가 갑자기 늘어났다면 그 사람에게 긴장과 불안을 가져오는 요인이 발생했다고 볼 수 있다. 인간의 심리는 이런 작고 미세한 부분에서도 잘 나타난다. 그리고 그것을 바라보는 인간의 무의식(혹은 본능)은 그것을 어떤 식으로든 알아챘다.

경찰서와 병원의 딱딱한 손님용 의자가 사람의 무의식을 활용하는 좋은 예시 중 하나일 것이다. <u>편한 의자가 아니어야만 상대의 말을 더욱 경청하게 되는 원리를 이용한 것이다.</u> 협상을 할 때에도 마찬가지다. 예를 들어 경찰서에서 경찰은 편안한 의자에 앉고, 상대에게는 다소 불편한 의자를 주는 이유가 뭘까? 그러면 상대가 조금 더 조심스러운 태도로 조사에 임하게 되기 때문이다.

실제로 병원에 갔을 때 의사선생님의 말은 왠지 다 신뢰하게 되는 그 심리를 우리는 어린 시절부터 경험하게 된다. 물론 그분들이 공부도 많이 했고, 생명을 다루는 일을 하는 만큼 존경을 받는 것은 당연하다고 생각한다. 그런데 여기서 짚어봐야 하는 건 다른 곳에 비해 무조건적으로 받아들이게 되는 이유가 무엇일까 하는 점이다. 간혹 오진을 하는 경우도 있음에도 불구하고 말이다.

물론 여러 가지 이유가 있겠지만 환경적인 이유 중 하나는 우리가 앉게 되는 일명 '초코파이 의자' 때문이다. 왜 인테리어에는 비싼 돈을 들이면서 의자는 등이 없는 불편한 것을 준비했겠는가? 앞에서 말한 불편한 의자에 앉게 함으로써 나의 말을 주의 깊게 듣도록 하기 위함이다.

이렇게 생각해보자. 만약 이와 반대로 아주 편안한 소파에 앉아서 누군가와 이야기를 나눈다고 생각해보자. 자세는 편안하게 아무렇게나 취해도 좋다. 이때가 상대방이 하는 이야기에 더 몰입하게 될까? 아니면 불편한 의자일 때가 더 몰입하게 될까?

사람은 환경의 영향을 쉽게 받는다. 예를 들어 기분이 아주 안 좋은 날에 길을 걷고 있다고 하자. 그런데 이때 땅바닥을 보면서 걸어가면 기분이 더 안 좋아진다. 기분이 좀 안 좋더라도 고개는 땅이 아닌 정면을 응시하고, 팔에 힘을 주면서 걷다 보면 기분이 한결 나아진다. 자세와 뇌가 서로 영향을 주고받는 것이다.

정도의 차이가 있을 뿐 우리는 누구나 무의식의 영향을 받게 되어 있다. 누군가와의 협상에 있어서 상대방을 꼭 위축되게 만들자는 것은 아니지만, 무의식의 영향을 잘 활용한다면 상대방이 나의 말을 보다 귀담아듣도록 환경을 바꿀 수 있을 것이다.

☑ **한 줄 POINT**

인생에서 무언가 이루고 싶다면,

무의식을 활용해 협상력을 배 이상 올려라!

한 시간 실랑이하는 여자
vs
5분 만에 끝내는 여자

협상 테이블에서 흔히 저지르는 실수 중 하나가 처음부터 모든 것을 다 오픈하는 것이다. 물론 협상 상대와 개인적인 친분을 쌓는 것은 나쁘지 않은 일이다. 하지만 대화 초반부터 감정에 취해 모든 것들을 다 털어놓고 나면 협상에서 실패할 가능성이 크다. 그렇다면 어떻게 해야 할까?

어떤 사람이 여러 사람들 사이에서 무조건 설명하려 드는 장면을 떠올려보자. 그런데 이 사람이 자꾸 설명만 하려고 하면 사람들은 더 이상 그의 이야기에 관심을 보이지 않기 시작한다. 왜냐하면 이 사람이 자기를 설득하려 한다고 생각하기 때문이다. 이처럼 사람들은 일방적으로 설득당하는 것을 싫어한다.

어디까지 상대방에게 설명해야 하고, 어디까지를 설명하지 않아야 하는지는 각자의 상황에 따라 다르다. 만약 지금 우리가 함께 있다면 현재 상황을 들어보고 같이 체크해보는 게 가장 좋을 것이다. 사람마다 상황이 모두 다르다 보니 우선 개념 설명에 중점을 두고 이야기하겠다.

사람들은 누군가 자기를 설득하려 하는 것보다는 자기 스스로 납득해서 스스로 선택하고 결정하는 것을 좋아한다.

'누군가 나를 설득한다. 내가 거기에 넘어갔다.'

이런 느낌을 좋아하는 사람은 아마도 없지 않을까? 여기에서 포인트는 무조건 질문으로 이야기를 하라는 것이다. 나는 이것을 '설계한다'고 표현하기도 한다. 예를 들면 이렇다. 한 엄마가 있었는데, 이 엄마는 자녀가 잘못을 저질렀거나 무언가 잘못을 저지르려고 할 때 "너, 엄마가 그러지 말랬지!"라고 다그치는 말로 시작해서 한 시간 정도를 길게 설득하려고 했다. 그 모습을 본 나는 그 엄마에게 긴 꾸중보다는 질문을 하라고 당부했다.

 "엄마가 지금 너한테 뭐라고 이야기할 것 같니?"

이렇게 질문하면 아이는 자신의 잘못을 스스로 알기 때문에 "안 된다고 하겠죠"라고 말하거나 "혼날 것 같아요"라고 대답한다. 이럴 때 엄마가 이어서 묻는 것이다.

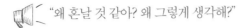 "왜 혼날 것 같아? 왜 그렇게 생각해?"

그럼 아이는 "위험하니까요"라고 대답한다. 이럴 때 엄마는 또 이렇게 물어보면 된다.

 "그러면 네가 어떻게 해야 되겠니?"

아이의 대답은 "하지 말아야죠"가 된다. 그전까지는 한 시간 가까이 아이와 실랑이를 했었는데 대화 방식을 바꾸자 '단 5분' 만에 이야기가 마무리가 되었다며 좋아했다. 그러다 보니 생활이 그만큼 편안해졌다고 말이다. 단지 질문을 던졌을 뿐인데 얻을 수 있는 이점이 많아진 것이다. 자녀뿐 아니라 협상을 할 때에도 마찬가지다. 한 시간이라는 시간 동안 혼자서 설명을 하려고 하면 상대방도 지치고, 나도 지치게 된다. 게다가 오히려 거래가 성사될 가능성도 줄어든다. 왜냐하면 그 사람은 자기가 설득당했다고 생각하기 때문이다. 상대는 그것을 싫어할 수밖에 없다. 자꾸 사람들을 설득하려고 하지 말자.

이제 우리가 해야 할 일은 상황을 바꾸는 것이다. 다시 말해 설계를 해야 한다. 내가 설득하는 것이 아니라 '상대의 선택을 설계'해야 하는 것이다. 자꾸 사람들을 설득하려고 하는 사람들은 어떻게 보면 스스로 그것을 아직 못 받아들였을 가능성이 크다. 내가 길을 걸어가면서 "나는 여자예요"라고 말하고 다니지는 않는 것처럼 당연한 사실을 설득하지는 않는다.

협상을 할 때 그저 말을 많이 한다고 성공하는 것은 아니다. 협상은 설득과는 또 다른 것이다. 협상에서는 말의 논리 외에 감성 터치라는 요소가 결부된다. 그러므로 무조건 설득하려 하기보다는 납득시키고, 스스로를 과도하게 드러내기보다는 은근히 아우라를 드러내는 편이 훨씬 효과적이라고 할 수 있다. 우리는 모두 내면의 아름다움을 키워내는 협상가다.

☑ 한 줄 POINT

인생에서 무언가 이루고 싶다면,

'여백의 미'를 잘 활용해 상대방이 생각할 수 있도록 도와줘라!

정곡을 꿰뚫는 자가
미녀를 얻는다

얼마 전 나는 연이은 강의로 눈에 검열반이 생겼다. 그래서 한의원을 찾아갔는데 한의사 선생님이 검열반 이야기는 조금 하다 말고 안면마비에 집중해서 이야기를 했다. 안면마비가 굉장히 고치기 어려운 병인데 자신이 치료해서 그것까지도 좋아진 환자가 있다고 했다. 그만큼 본인의 실력이 좋다는 말씀을 하고 계신 듯했으나 나는 되레 확신이 없어져서 치료를 받지 않고 돌아오게 되었다. 왜냐하면 내가 정말 궁금했던 것은 '검열반 치료'였기 때문이다. 쉽게 말해 나의 정곡은 바로 '검열반'이었다. 그분이 그 부분만 잘 꿰뚫어서 정곡을 잘 찔러줬더라면 난 분명 그 한의원의 건강프로그램을 그대로 선택해 결제했을 것이다.

상대가 말한 문제에 초점을 맞추고 계속해서 그 부분을 파고드는 것이 중요하다. 이는 의외로 많은 사람들이 누군가와 소통할 때 간과하는 부분이다. 정곡을 꿰뚫는 것이 중요한 이유를 설명해주는 사례가 여기에 또 있다.

어느 날 초등학생 아이가 갑자기 학교에 가고 싶지 않다고 했다. 부모는 무척이나 당황스러웠다. 무작정 혼내면 큰 상처를 입을 수 있다고 생각하여 차분하게 이유를 물었다.

"왜 학교에 안 가려고 하니? 무슨 일 있어?"

아들은 한참을 대답하지 않다가 스스로 이야기를 꺼냈다.

 "된장국."

처음에 부모는 무슨 뜻인지 몰랐다. 알고 보니 그날 급식으로 된장국이 나오는데, 아들이 된장국을 잘 먹지 못하는 게 문제였다. 급식을 남기면 안 된다고 배운 탓에 학교 가기가 겁이 났던 것이다. 우선 아들에게 점심 전에 조퇴를 시켜주겠다고 달래고, 아빠와 함께 된장국 먹는 연습을 하기로 약속한 뒤 학교에 보낼 수 있었다. 이 이야기는 저널리스트 기타무라 모리의 저서 《도중하차》에 나오는 내용이다.

흔히 상대방이 싫다거나 거절하는 이유를 잘 안다고 생각할 수 있지만 실은 전혀 예상하지 못한 내용이 숨어 있는 경우가 생각보다 많다. 상대를 이해하기 위해서는 자신의 주관적인 판단보다는 "왜?"라는 질문을 던져 진짜 이유를 알아내야 한다.

영화 〈왓 위민 원트What Women Want〉의 주인공은 특별한 사건으로 상대방의 마음을 읽는 초능력을 갖게 된다. 그는 지난번 프로포즈에서 거절당했던, 좋아하는 여자를 다시 찾아간다. 그리고 그 여자의 마음을 읽는다. 여자의 내면은 이랬다. '상처 주지 마, 너무 많이 아팠어.'

여자에게는 이별의 아픔이 있었다. 그녀는 이별의 충격으로 아직 새로운 사람을 만날 준비가 안 되어 있었던 것이다. 주인공은 "새로 사귄다는 게 힘든 건 알아. 또다시 상처받을까 봐 걱정이 먼저 되잖아. 나도 항상 느껴"라고 마음을 녹이는 멘트로 여자를 안심시켰다. 그러자 여자가 먼저 저녁에 시간이 되느냐고 물으며 데이트 신청을 한다. 여기서 보듯, 상대방의 '말'이 아니라 '이유'에 집중해야 한다. 거절을 당한 말이 아닌, 상대의 '아직 마음의 준비가 안 된 그 이유'를 알아야 한다. 이것이 바로 진정한 협상의 자세다.

그 방법 중 하나는 나를 내려놓는 것이다. 나도 모르게, 내 주관대로 상대방을 평가하려 할 때 나 스스로가 5천만 분의 1일 뿐이라는 것을 되짚어본다면 도움이 될 것이다. 예전에 한 분이 자신의 자녀가 그림을 그렸는데 종이 가득 검정색으로만 색칠을 해서 정서에 문제가 있는 것 같아 심리선생님을 찾아갔다고 했다. 이때 아이는 왜 그랬을까? 아이의 대답은 이랬다. '산불'을 그린 것이고, 다 타고 난 뒤 재의 모습을 표현하기 위해 검정색 크레파스를 썼다는 것이었다. 이 사례의 문제는 내 생각의 틀로 다른 사람을 판단했다는 것 아닐까? 여기서 필수 요소는 상대방의 관점에서 바라봐주는 것이다. 무엇보다도 서두르다 본질을 간과하는 우를 범하지 않아야 할 것이다.

한 줄 POINT

인생에서 무언가 이루고 싶다면,

상대방의 말에서 이유에 초점을 맞춰 협상의 선순환을 이루어라!

기피 대상 1호
'근데'

왠지 모르게 자꾸 대화하고 싶어지는 사람과, 그와 반대되는 사람의 언어에는 어떤 차이가 있을까? 여러 가지가 있겠지만 그중에서 꼭 짚어보고 싶은 것이 바로 '그런데'와 '그리고'이다. 사람들은 흔히 '그런데'와 '그리고'의 차이를 헷갈려 한다. 그래서 나는 가끔 강의를 할 때 사람들의 이해를 돕기 위해 역할극을 하기도 한다. 한번은 "나는 악덕한 와이프다"라고 말하며 남편 역할을 하는 사람에게 큰소리로 이야기했다.

부인: "당신이 대체 가정을 위해 하는 일이 뭐예요?"

이때 남편 역할을 하는 사람은 이렇게 대답했다.

남편: "내가 돈도 벌어오고 가끔 설거지도 하고 청소도 해주고 하잖아."

부인: "아니, 근데……."

이때 '근데'라는 말을 들은 남편은 어떤 느낌이 들까? 대개 상대에게 내 의견을 말했을 때 '그런데' 혹은 '하지만'과 같은 답이 돌아오면 대화가 막히는 느낌이 든다. 이것이 '근데(그런데)'와 '그리고'의 어감 차이다. '그런데'는 반박하는 느낌이고, '그리고'는 수용하는 느낌이다. '그런데'와 '그리고'는 느낌이 크게 다르다. 사람들은 대부분 자신을 존중해주는 사람을 더 선호하게 되어 있다.

텔레마케팅 회사에서 똑같은 스크립트를 가지고 전화를 하는 경우가 있다. 그런데 같은 내용을 가지고도 어떤 사람은 성과를 잘 내고, 어떤 사람은 성과를 못 낸다. 그들의 언어 습관을 관찰해보니 습관적으로 '그런데'라고 말하고 있었다. 이런 작은 차이들이 모여 결과에 큰 차이를 만들게 되는 것이다.

이번엔 거꾸로 '그리고'를 넣어 예를 들어보자. 앞의 부부 예에서 아내가 "내가 돈도 벌어오고 가끔 설거지도 하고 청소도 해주고 하잖아"라고 말하는 남편의 이야기에 이런 식으로 말한다면 어떨까?

"그래요. 그리고 주말엔 애들이랑도 좀 놀아줘요."

어감에 큰 차이가 있음이 느껴지지 않는가. 어떤 사람들은 습관적으로 이런 이야기를 하곤 한다.

"아니, 근데 있잖아……."

상대가 이런 식으로 이야기를 하면 대화가 자꾸 탁탁 막히게 된다. 차라리 '그런데'라는 말을 빼고 다음 이야기로 넘어가는 것이 좋다. 만약 길 건너편에 돈까스집이 생겼다고 해보자. 직장 동료가 나에게 새로 개업한 집이니 오늘 한번 가보자고 말하고 있는 상황이다. 그런데 나는 칼칼한 해장국이 먹고 싶은 상태다. 이때 어떤 식으로 이야기를 풀어나가야 내가 원하는 칼칼한 해장국을 먹으러 갈 수 있을까?

직장 동료: "돈까스집 새로 개업했다는데 오늘 먹으러 가자."

A: "그래? 근데 난 오늘 해장국 먹고 싶은데, 어때?"

B: "그래? 나 오늘은 해장국을 먹고 싶은데, 어때?"

또 다른 경우를 생각해보자. 손님이 "이거 너무 비싸요"라고 했을 때 뭐라고 대답해야 효과적일까? 대부분 반박하는 말을 하게 될 수밖에 없다. "아닙니다. 절대로 비싼 게 아닙니다. 왜냐하면 이게 얼마나 성능이 좋은 것인가 하면…"과 같은 식으로 말이다. 이것은 결코 좋은 대답이 아니다. 그럴 때에는 손님의 말에 공감을 해주고서 다음 이야기로 넘어가는 것이 더욱 성공 확률을 높일 수 있는 화법이다. "아, 그렇게 느끼셨군요. 맞습니다. 저렴하지는 않습니다. 이것을 사용해본 분들은 가성비(가격 대비 성능)가 좋다고 말씀하시기도 하더라고요."

지금까지의 사례는 유튜브 '주하효과'에서 150만 뷰 이상을 찍게 해준 1등 공신 영상에 나오는 내용이다. 그만큼 사람들은 상대방이 거절할 때 어떤 식으로 대처해야 하는지 궁금해한다.

유튜브 '주하효과'에 소개되지 않은 내용을 하나 더 추가해보자면, 다음과 같은 질문을 던지는 것이다.

📢 "그리고 다른 분들은 이렇게 말씀하시는데 그 이유가 뭘까요?"

추가적인 이유를 고객 스스로 생각해보게끔 만들어주는 것이다. 이렇게 말하면 고객은 대답하지 않더라도 어떤 이유가 있을까 생각해보게 된다.

말끝마다 '그런데'를 달고 사는 이들은 사람들과 논쟁이 잦아질 수밖에 없다. 논쟁의 끝은 둘 다 패배다. 절대로 누군가와 논쟁하지 말자. 내 의견만 내세우고 상대의 말에 대해서는 반박하기만 하는 사람은 기피 대상 1호가 될 수 있다.

내가 아는 분 중에 안경원에서 인턴으로 일하던 분이 있었는데, 어느 날 갑자기 회사에서 퇴사를 권고했다고 한다. 그 이유는 다름 아닌 자신도 모르게 상대와 반대되는 의견을 이야기하는 언어 습관 때문이었다. 안타까웠던 것은 심성이 너무 좋은 분인데 언어 습관으로 인해 가려진다는 점이었다. 그것을 잘 알지 못하는 사람들은 계속해서 자신을 부정하는 것처럼 느끼게 되는 것이다. 그렇게 되면 사람들은 기분 나빠하고, 그 결과 자꾸 논쟁이 일어날 수밖에 없다.

　사람들은 이러한 사실을 무의식적으로 인지하고 있다. 중요한 것은 그것을 발견해내고 습득해서 실천하는 것이다. 알고 있어도 실천하지 않으면 아무런 소용이 없다. 다시 한 번 강조하지만 학습^{學習}이나 습득^{習得}이라는 말에 '익힐 습^習'이라는 한자가 들어가 있는 의미가 참 크다는 생각이 든다. 배우는 데에만 그치지 말고 몸에 익혀야 하는 것이다. 일상생활에서도 늘 이 사실을 명심해야 한다.

　그렇다면 부정적인 언어 습관은 어떻게 고칠 수 있을까? '그런데'라는 말이 불쑥불쑥 튀어나올 때마다 자신의 다리를 탁 쳐보면 어떨까? 이런 생각을 하게 된 배경에는 법륜 스님의 가르침이 숨어 있다. 예전에 법륜 스님 강의를 재미있게 들은 적이 있었다. 그때 화를 자주 내는 어떤 사람이 법륜 스님에게 고칠 방법을 물었다.

질문자: "스님, 저는 화를 너무 자주 내는데 그것을 고칠 방법이 있을까요?

스님: "못 고칩니다. 그냥 그렇게 사십시오."

질문자: "아, 스님, 왜 그러십니까?"

스님: "진짜로 고치고 싶습니까?"

질문자: "네, 고치고 싶습니다."

스님: "그럼 충격기를 사서 자신이 화를 낼 때마다 스스로에게 충격 을 줘보세요."

다소 황당한 이야기지만 청중들이 큰 소리로 웃었던 기억이 있다. 법륜 스님이 말씀하신 것처럼 충격 요법만큼 강렬한 것은 없기 때문이다.

지금까지의 내용을 한번 정리해보자면, 내가 원하는 대로 상대를 끌고 가기 위해서는 상대방의 생각을 인정해준 다음 '그리고'라고 말하며 나의 생각을 표현하는 것이 효과적이다. 그리고 비싸다고 이야기하는 고객을 만났을 시 무조건 반박할 것이 아니라 '아, 나하고 다르게 생각하는 사람들도 있구나' 하고 스스로 납득하게끔 설명해주는 게 성공 확률을 더 높이는 방법이다. 이것이 바로 '그리고'의 힘이다.

☑ 한 줄 POINT

인생에서 무언가 이루고 싶다면,

언어습관을 바꿔라. 그러면 언제 어디서든 협상은 쉬워질 것이다!

4장

이것만 바꿔도
인생이 바뀐다

자신과의 협상에서는 똑같은 상황에서 문제를 어떻게 바라보느냐 하는 것이 관건이다. 예컨대 부정적인 생각을 했다면 순간 그것을 긍정적인 것으로 바꿀 필요가 있다. 이렇듯 매일 자신과의 협상에서 승리한다면 1년 뒤, 3년 뒤, 5년 뒤 당신은 훨씬 더 멋진 모습으로 성장해 있을 것이다.

NEGOTIATION

"저, 샤넬 쓰는 여자예요!"

나는 가끔 조금은 우스운 생각을 하곤 한다. 우리 집 앞의 공원이 바로 '내 것'이라고 생각하는 식이다. 그 순간 나는 사람들이 즐길 수 있도록 그 땅을 빌려준 부자가 된다. 땅문서를 갖고 있고 없음의 차이일 뿐이지, 내가 그 땅을 독차지할 생각이 없다면 별 차이가 없을 거라는 생각에서다.

2012년도 우리 수강생 중에 '진수헌'이라는 분이 있다. 이분의 꿈이자 희망사항은 서울에 집 한 채를 마련하는 것이었다. 그리고 얼마 전 이분은 대치동 주민이 되어 "협회 덕분에 서울에 제 집을 사게 되었습니다"라며 집들이에 초대했다. 이분의 집 앞 베란다에서 내려다보면 다른 집 마당이 보였고 조경이 잘 다듬어져 있었다. 나는 "와우, 대표님은 정원사도 두셨군요!"라고 장난기 있게 말했다. 그분은 무슨 말이냐고 되물었고 나는 '믿는 대로 된다'며 "저 정원은 대표님을 위해 만들어진 것이고, 저곳을 다른 사람을 위해 세를 주었다고 생각해보세요"라고 말씀드렸다. 우린 모두 그날 즐거운 상상을 하며 함께 웃었다. <u>실제 부자가 되었다는 생각으로 매사에 임하면 인생의 계획을 세우는 데 있어 다른 자세를 갖게 될 수 있다.</u> 눈앞의 문제보다 목표에 보다 집중할 수 있기 때문이다. 부자가 되는 비결은 마음먹기에 달려 있다고 생각한다.

옛말에 "황금 보기를 돌같이 하라"는 말이 있다. 하지만 자수성가 하신 분이 말씀해주시길 만약 물질에 대해 거부감을 갖는다면 우리의 지갑은 절대로 두둑해지지 않을 것이라고 했다. 또한 '돈이 있고 없음'은 상당 부분 생각이 결정하는데 그리고 보니 부자, 중산층, 가난한 사람 모두 각기 마인드가 다르다는 것을 알 수 있었다. 그리고 그 마인드가 부의 양을 결정했다. 물론 나도 아직 큰 부를 이룬 것은 아니지만, 내가 좋아하는 사람들에게 콩 한쪽이라도 내어줄 수 있는 여유로운 그 마음이 스스로 기특할 뿐이다. 이를테면 서두에 말한 '공원의 주인' 같은 것이다.

얼마 전 친구 집에 놀러 갔을 때 친구가 갑자기 선물을 하나 준다면서 여자들의 로망이라 불리는 '샤넬'을 좋아하냐고 물었다. 샤넬을 선물로 주겠다니 왠지 마음이 설레었다. 그런데 친구가 준 것은 다름 아닌 치약이었다. 치약을 건네며 친구는 이렇게 말했다.

그 말에 나는 큰 소리로 웃었다. 만약 친구가 "이거 유명한 치약인데 한번 써볼래?"라고 말했다면 별다른 감흥이 없었을 것이다. 친구의 센스 있는 표현 덕분인지 그 치약을 쓰는 동안 나는 일종의 자부심 같은 걸 느꼈다. 마음 한편에 '난 샤넬 치약 쓰는 사람이야'라는 인식이 생긴 것이다. 그렇다. 우리는 생각하기에 따라 얼마든지 백만장자의 마인드를 가질 수 있다. 마음뿐만 아니라 그런 시각을 통해 충분히 부유한 사람이 될 수 있다. 모든 일은 마음먹기에 따라 달라진다.

부자에게는 부자 특유의 마음가짐이 있다. 부자와 가난한 사람은 문제를 보는 시각에도 차이가 있다. 부자는 문제보다 목표에 집중하고, 가난한 사람은 목표보다 문제에 집중한다. 부자가 되려면 이제껏 나를 가난하게 만든 마음을 버리고 부자의 마음가짐을 지니면 된다. 부자는 평범한 일상 속에서도 기회를 찾는다. 항상 배우고 성장하는 사람은 부유해질 가능성이 크다. 반대로 자신이 모든 것을 이미 다 안다고 생각하는 사람은 가난 속에서 못 벗어날 가능성이 크다. 이러한 부의 법칙에 대한 시각과 관련해 우리는 스스로와 협상할 필요가 있다. 눈에 보이는 결과를 바꾸려면 눈에 보이지 않는 마음의 뿌리를 바꿔야 한다. 눈에 보이는 부를 차지하기 위해서도 마찬가지다.

☑ 한 줄 POINT

인생에서 무언가 이루고 싶다면,
문제보다 목표에 집중하는 부자의 마인드를 가져라!

단번에
1,000만 달러 번 남자

MBC 〈신비한 TV 서프라이즈〉에도 소개되었던 영화배우 '짐 캐리'에 대한 유명한 일화이다. 그는 데뷔 전 가난에 시달리던 아버지에게 문구점에서 구한 가짜 수표를 내밀었다. 가짜 수표에 1,000만 달러라고 써서 선물을 한 것이었다. 그리고 언젠가 1,000만 달러의 출연료를 받는 영화배우가 되겠다고 아버지 앞에서 다짐했다. 그로 부터 시간이 흐르고 흘러 14년 뒤, 영화 〈마스크〉로 성공한 짐 캐리 는 드디어 출연료 2,000만 달러를 받게 된다. 그사이에 이미 돌아가 신 아버지께 약속을 지킬 수 없어서 실제 1,000만 달러 수표를 아버 지가 잠든 땅에 묻었다고 한다.

자신을 더욱 발전시키고 성장시키기 위해서는 긍정적이고 진취적으로 생각을 해야 한다. 긍정적인 사고로 성장할 수 있는 방법 중 하나가 바로 '비밀노트'를 쓰는 것이다. 성공한 사람들은 저마다 비밀노트, 혹은 소원이 이루어지는 비법 하나씩을 가지고 있다. 언젠가 한 대표님이 나에게 자신의 스케치북을 보여주신 적이 있다. 거기에는 미래에 바라는 모습의 사진들이 스크랩되어 있었다. 많은 사람들 앞에서 자유롭게 강의하는 모습을 연상할 수 있는 자료들과 사진들이었다. 그리고 몇 년 후 그 모든 것들은 현실이 되었고, 지금은 이름만 대면 알 수 있는 강연 프로그램을 진행하는 분이 되어 계신다.

그분의 스케치북을 보고 나는 오랫동안 쓰지 않았던 비밀노트를 다시 쓰기 시작했다. 그리고 아침에 눈을 뜨면 잘 보이는 곳에 내가 타고 싶은 차와 롤모델의 사진을 붙여두었다. 그러자 나의 심장은 다시 뛰기 시작했다.

테이블 네 개로 시작해서 제주 횟집 매출 1위로 우뚝 선 쌍둥이 횟집의 이모도 이런 말씀을 하셨다.

"원하는 걸 하루에 세 번씩만 노트에 쓰면 이루어져. 매해 다 이어리에다가 그해에 이루어졌으면 하는 높은 목표를 쓰는데 그게 불가능할 것 같아 보여도 그해가 끝날 무렵엔 이루어져 있더라."

나는 깜짝 놀랐다. 그 시절에 내가 몰랐을 뿐이지, 내가 존경했던 이모도 이미 그 비밀노트를 사용하고 계셨던 것이다.

지금까지 나는 당신에게 '이렇게 하면 된다'는 기법을 이야기했다. 한데 생각해보자. 짐 캐리가 단순히 종이에 원하는 목표를 적고 여러 번 읽어보는 것만으로 목표를 이뤄냈을까?

물론 기법만 잘 따라 해도 원하는 것에 가까운 결과를 만들 수 있을 것이나, 나는 조금 더 본질적인 것에 대해 이야기를 나누고 싶다. 협상에서 기법이 중요한 만큼 '꼭 이루고 싶다는 신념' 역시 중요하다는 것을 말이다.

짐 캐리는 목표를 꼭 이루고 싶었고, 또 종이에 목표를 적기 전부터 이룰 수 있다고 확실히 믿었을 것이다. 스케치북에 자신의 꿈을 스크랩한 대표님도 마찬가지다. 스크랩이라는 행동도 중요하다. 그리고 더 중요한 것은 스크랩을 하기 전, 스크랩을 하면서, 혹은 그 이후에도 '나는 반드시 꿈을 이룰 것'이라는 강한 자기 확신이다.

횟집 주인 이모도 행동하는 방식은 조금 달랐지만 마음가짐만큼은 다르지 않았다. 할 수 없어 보인다 해도 언젠가는 이루어질 것이라는 굳은 자기 확신에서 인생이 바뀌기 시작하는 것이다.

'말'로 하면 허공에 흩어지지만, '글'로 쓰면 역사가 되어 새겨진다. 비밀일기를 적을 때에는 구체적이고 세세하게 적어야 한다. 성공학에 관심이 많은 사람이라면 흔히 들어보았을 내용 중에 이런 것이 있다. 만약 자동차를 원한다면 어떤 회사의 어떤 모델인지, 색상은 무슨 색이며 내부 인테리어는 어떻게 되어 있는지. 옆에 누구를 태울 것인지 등등 실제로 눈에 보이듯이 생생하게 적어야 한다는 것이다.

집도 마찬가지다. 집의 평수, 위치, 인테리어까지 최대한 구체적으로 적는 것이 좋다. 실제로 원하는 차에 시승하거나 원하는 집에 방문하는 것도 큰 도움이 된다. 그에 더해 기분이 어땠는지까지 기록으로 남기면 금상첨화일 것이다. 문제는 아는 것과 하는 것은 엄격하게 다르다는 것이다. 들어봤어도 실천하지 않는다면 아무 효력이 없다. 정말 원하는 것이 있다면 지금 바로 이 책에 메모해보기를 바란다. 지금 안 하면 10분 뒤엔 또 다른 할 일이 우리를 기다리고 있기 때문이다. 어차피 지금 이 순간도 1분 뒤에는 과거가 되어 기억창고에 저장될 뿐이다. 그 기억을 내가 상상하는 것으로 채워나간다면 나의 뇌는 그에 필요한 것들을 펼치고 모으고 현실로 만들어낼 것이다.

성공한 사람들은 대부분 성공으로 나아가기 위한 자신만의 시스템을 구축하고 있다. 그중 앞서 2, 3장에서는 협상을 통해 '내가 원하는 것'을 얻는 기법을 말했다. 그리고 나는 그것과 더불어 다른 1%의 성공자들처럼 더 확실하게 원하는 것을 쟁취하기 바란다. 그것이 바로 마음의 힘인 '확신(또는 마인드)'이다. 기법에만 집중하기 전에 마인드를 새롭게 하길 바란다. 왜냐하면 생각이 바뀌어야 행동도 제대로 바뀌기 때문이다.

우리 모두는 더욱더 좋아질 수 있다.

☑ 한 줄 POINT

인생에서 무언가 이루고 싶다면,
성공에 대한 확신을 가져라.
방법보다 원하는 결과를 이미 얻었다는 확신이 더 중요하다!

우선 내가 무엇을
원하는지 알아야 한다

인생의 고뇌가 가장 많았던 20대 초반, 당시 나는 앞으로 평생 뭘 하며 살아야 할지가 가장 고민이었다. 당시의 일기를 들춰보면 '사람들 앞에서 강연하기, 좋아하는 사람들에게 도움 주기'와 같은 내용은 물론 '어떤 차를 타고 얼마 정도를 벌 것인지, 어떤 책을 낼 것 인지' 등이 상세하게 적혀 있다. 그리고 놀랍게도 지금 그때 적었던 꿈이 하나하나 현실로 이루어지고 있다. 원하는 것이 있다면 나만의 비밀노트에 적어보자. 그것만으로도 꿈을 향한 첫걸음을 내디딘 것 이나 마찬가지다.

내 인생에 뜻깊은 방향을 제시해준 책이 있다. 내면의 기대를 높 여준 책이었다고 할까? 그것은 바로 《여자의 모든 인생은 20대에 결 정된다》라는 책이었다. 어찌 보면 스스로의 강점을 찾고 나 자신을 빛나게 하기 위한 노력은 그때부터 시작되었는지도 모른다. 그 시절 나는 책을 가까이하지 않았는데, 그 책에서 '책을 열 권 읽기 전까지는 책이 재미있다, 없다 평가하지 마라'는 글귀를 보았다. 그리고 그 이후로 '책을 한번 읽어볼까?' 하는 마음을 먹게 되면서부터 지금까지 꾸준히 책을 읽게 되었으니 말이다.

책 내용 중 '서른 살까지 사람들은 무언가를 이루어내야 한다고 생각하지만, 20대는 무언가를 이루어야 하는 나이가 아니라 앞으로의 인생 방향만 잡아도 성공하는 것이다'라는 문장을 보게 되었다. 그때부터 내가 뭘 잘하는지, 뭘 좋아하는지 미친 듯이 찾아다녔다. 마치 도를 닦는 수도승처럼 말이다.

당시 스물네 살의 나는 내가 봐도 특이한 사람이었다. 나는 누군가를 만나야겠다는 생각이 들면 제주에서 비행기를 타고서라도 찾아다녔다.

나 자신을 알기 위한 노력으로 MBTI, 성격유형 테스트, 직업·적성 검사, 최면, NLP 등 스스로를 분석할 수 있는 많은 검사를 받고 다녔다. 내가 누구인지, 어디로 와서 어디로 가는지 등 인생에 대해 많은 것이 궁금했다. 하지만 그 어떤 곳에서도 명확한 해답은 주지 못했다. 지금 와서 생각해보면 너무도 당연한 것인데 그 당시에는 보이지 않는 미래에 대한 두려움이 컸다. 그런 시간들을 겪으며 내가 즐기는 것은 누군가와의 '소통'이라는 것을 알 수 있었다. 협상은 컨설팅, 대화와 타협, 세일즈, 경영 등 세상의 모든 분야에서 필요한 능력이었다.

나의 이런 강점과는 별개로 손재주가 좋은 사람들을 동경해 피부미용자격증을 취득하기도 했다. 그런데 내가 생각해도 손으로 하는 일은 전혀 소질이 없었던 것 같다. 그래서 손재주가 좋은 사람들을 보면 부러움을 넘어 경이롭기까지 하다. 이 말을 하는 이유는 가끔씩 누군가 내게 와서 내가 갖고 있는 장점을 높여주는데 사실 그 사람은 내가 전혀 소질 없는 분야에 엄청난 능력을 갖고 있을 것이기 때문이다.(그러니 다른 사람의 장점만을 보지 말고 나 스스로의 가능성과 잠재력에 귀 기울이기를 바라며…….) 나는 실기시험을 보기 전부터 학원 선생님이 "시험을 한 번 더 봐야 붙겠네"라고 놀라실 정도로 소질이 없었다.

그렇게 나 자신을 알기 위해 이런저런 시도를 하던 그 시절, 뭘 해야 할지도 몰랐지만 나는 항상 주문처럼 "모든 것이 다 잘될 거야"를 외치고 다녔다. 피부미용 선생님이 "시험을 한 번 더 봐야 붙겠네"라고 말씀하실 때조차도 "전 이러다 왠지 한 번에 붙을 것 같은데요?"라고 이야기하며 능청스럽게 웃었었다. 말은 현실이 된다고 무조건 믿었기 때문이었다. 그리고 실제로 난 운이 좋게도 한 번에 붙어버렸다.

그렇게 대학 시절 내내 횟집에서 아르바이트를 하면서 앞으로 내가 나아가야 할 진로를 탐색하며 나를 찾는 여행을 계속했다. 그러다 2009년도 초에 책을 한 권 읽고 누구나 이름만 들으면 알 만한 회장님을 꼭 한 번 만나보고 싶다는 생각을 하게 되었다. 때마침 양산의 한 골프장에서 강의가 있다는 소식을 접하고 나는 무작정 제주에서 양산으로 올라가게 되었다. 재미있는 건 여기서부터다. 골프장에

전화를 걸었더니 외부인은 출입이 안 된다며 전화를 끊어버리는 것이었다. 나는 또다시 전화를 했고, 전화는 또 끊겼다.

기껏 찾아갔는데 그대로 돌아갈 수는 없어서 무작정 택시를 타고 골프장으로 찾아갔다. 앞에서 멀뚱멀뚱 서 있었는데 회장님의 차가 들어오는 게 보였다. 회장님이 차에서 내리시기가 무섭게 나는 뛰어가서 다짜고짜 "뵙고 싶어서 제주에서 왔습니다"라고 말했다. 혹시나 거절당하면 어쩌나 내심 초조했지만 받아들이는 것은 그분 몫이고, 나는 내 할 도리를 다하자는 마음이었다. 몇 초가 몇 분 같은 시간이 지나고, 놀랍게도 회장님은 골프장 측에 말해 이야기를 나눌 수 있는 자리를 마련해주셨다. 알고 보니 그날은 골프장에서 사내직원들을 위해 회장님을 특별히 모신 거였다고 한다. 그렇게 좌우충돌 끝에 나는 넓은 골프장을 바라보면서 회장님과 함께 한참 동안 이런저런 대화를 나눌 수 있었다.

나 자신을 발견하기 위한 노력들을 하면서 느낀 것이 있다. 세상에 안 되는 일은 없었다. 내가 포기하지 않는 한 말이다. 재미있는 것은 이 상황이 나의 비밀노트에는 이미 기록되어 있었다는 것이다. 만나기도 전부터 그것을 상상하며 적어 내려갔던 나의 비밀노트에는 '드디어 그분을 만나 뵈었다'라고 적혀 있었다. 당시에 가진 것은 없었지만 공책하고 펜만 있으면 나는 얼마든지 행복한 미래를 꿈꿀 수 있었다. 나는 그렇게 많은 것을 상상했다. 돈 한 푼 들이지 않아도 되는 놀이감을 찾은 것이었다. 그 외에도 나는 만나고 싶은 사람들이 있으면 찾아가고 만나는 경험을 되풀이했다. 자꾸 이런 경험을 하다 보니 '마음먹고 노력하면 어떻게든 기회가 주어지는구나' 하는 짜릿함이 생겼다. 이 과정 속에서 자연스럽게 알게 된 매우 중요한 교훈 하나는 '답을 찾으려 쫓지 말고 내가 답이 되자'는 것이었다. 그전까지 간절히 외부에서 정답을 찾아 헤매던 나는 어느 순간부터 많은 의미 부여를 하지 않게 되었다.

"큰 걸 팔아야 부자가 되지"라고 말하며 한 기업에서는 배를 팔았다. 하지만 "아니야, 작은 걸 팔아야 돈이 돼"라며 한 기업에서는 껌을 팔았다. 재미있는 건 둘 다 그것을 시작으로 대기업이 되었다는 사실이다. 어떤 사람은 "인생은 계획적으로 살아야 해"라고 말하지만, 어떤 사람은 "아니야, 난 상상만 하고 살았어"라고 말하기도 한다. 그렇다. 인생에는 정답이 없다. 성공한 사람들도 각자 자신의 경험을 말하는 것일 뿐 거기서 나의 답을 찾을 수는 없다.

누군가 지름길을 제시해줄 수는 있어도 막상 성장은 스스로 하는 것임을 나는 깨닫게 되었다. 이 사람, 저 사람 많이도 쫓아다니면서 말이다. 물론 그분들을 만났기에 지금의 내가 있다는 사실을 안다. 사람은 옆에서 누가 어떤 말을 해주느냐에 따라 보고 믿는 게 달라지기 때문이다. 누군가의 한마디가 내 삶에 미치는 영향은 굉장하다. 그래서 그분들께 진심으로 감사하다.

결국 나다운 것, 내가 답이 되는 것, 그리고 아직 내가 답이 되기에 부족하다면 원하는 분야에 필요한 조언을 구하는 것, 그것이 성공에 한발 더 다가가는 길이며, 자신과 협상할 수 있는 지름길이다. 모든 부류의 협상 가운데 나와의 협상이 가장 기본이다.

누군가는 이렇게 말할지도 모른다. "나와의 협상이라는 게 도대체 무얼 말하는 건가요"라고 말이다. 자신과의 협상에서는 똑같은 상황에서 문제를 어떻게 바라보느냐 하는 것이 관건이다. 예컨대 부정적인 생각을 했다면 순간 그것을 긍정적인 것으로 바꿀 필요가 있다. 한번은 한 마케팅 회사 대표님이 운전을 하다가 앞으로 차가 끼어들기를 하면 화가 나신다는 거였다. 그래서 내가 이렇게 생각해보면 어떨지 제안했다.

'이야, 저 사람 끼어들기를 참 물 흐르듯 잘하네.'

물론 누군가에게는 와 닿을 수도, 혹은 그렇지 않을 수도 있다. 이에 대한 예시로 쓰이면 좋을 것 같아 사례를 넣어본다. 수강생 중 한 분이 유태인 교육법인 '하브루타'를 10년 넘게 이끌고 계신데 어느 날 아이들에게 이런 질문을 던졌다고 한다.

어느 날 여행을 끝내고 집에 돌아왔더니 한 도둑이 열심히 우리 집의 물건을 훔치고 있는 것이었다. 그리고 우리의 전 재산이 든 항아리를 마지막으로 옮기고 있을 때 나는 한마디로 그 도둑의 도둑질을 멈추게 했다. 그 말은 과연 무엇이었을까?

이때 한 초등학교 6학년생의 노트를 보게 되었는데 이렇게 대답하겠다고 적혀 있었다.

"아저씨, 그 항아리, 제가 선물로 드릴게요."

순간 그 문구를 읽는데 뭉클했다. 어떻게 아이가 이런 발상을 하게 되었는지 놀라웠다. 왜냐하면 무언가를 원하지 않는데 빼앗겼다고 생각하는 것과, 내가 선물로 주었다고 생각하는 것에는 큰 차이가 있기 때문이다. 이것은 우리의 미래에도 큰 영향을 미친다. 누군가를 탓하는 것과 내가 어려운 사람을 도왔다고 믿는 사람의 인생에는 분명 다른 미래가 펼쳐질 것이기 때문이다. 생각은 습관이고 관성이 붙기 때문에 처음이 어렵지 자꾸 하다 보면 일상에서 조금은 더 유연해지지 않을까? 우리 현명한 협상러들을 응원한다.

☑ 한 줄 POINT

인생에서 무언가 이루고 싶다면,

원하는 것이 무엇인지 분명히 하고, 스스로 답을 만들어가겠다고 다짐하라!

일본 최고의 부자가 말하는
간단한 대인관계법

일본에서 세금을 가장 많이 낸다는 '오마타 간타'의 저서인 《일본 최고 부자가 공개하는 돈 버는 기술》이라는 책에서는 우리가 익히 알고 있는 '관광觀光'이라는 뜻을 한자 그대로 '빛을 본다'라고 해석한다. 대부분의 사람들은 관광을 좋아한다. 오징어가 배의 빛을 좋아하듯 사람들은 밝은 사람을 좋아한다. 밝은 곳, 밝은 사람. 편의점도 24시간 환하게 밝히면 그리로 손님이 들어가고 싶어지게 된다. 이처럼 우리는 사람들에게 있어서 '관광지'가 되는 것이 중요하다고 말한다.

그럼 어떻게 하면 관광지와 같은 사람이 될 수 있을까?
첫째, 일단 내가 밝아지는 것이다.

154

둘째, 밝게 인사하는 것이다.

셋째, 밝은 말을 하는 것이다.

넷째, 상대의 기분을 좋아지게 하는 것이다.

다섯째, 어두운 이야기는 하지 않는 것이다.

여섯째, 힘찬 목소리로 말을 하는 것이다.

어찌 보면 당연한 말이라고 생각할 수 있는데 이것을 알아도 하지 못하면 그것은 내 것이 아니다. 그러니 한 번 생각해보자. 나는 주변 사람들에게 어떤 사람인가? 관광지와 같은 사람인가?

또 한 가지, 대인관계에서 '회색지대를 가져라'라는 주제의 글이 나오는데 여기서 말하는 회색지대란 무엇일까? 바로 흑과 백, 이것 아니면 저것으로 나누어지는 것이 아니라, 양쪽 모두 끌어안을 수 있는 포용력을 기르자고 말하고 있다. 저자는 이런 예시를 들었다.

동물 실험에서 멀쩡한 동물 다리에 깁스를 해놓으면 두 가지의 반응이 나타난다. 한쪽은 깁스 다리를 참을 수 없어서 밥도 먹지 않고 줄기차게 깁스를 벗기려 하다가 결국 목숨을 잃는다. 반면 한쪽은 벗기지 못한다는 것을 알게 되면 적당한 선에서 포기한 채 깁스한 다리로 밥도 먹고 잠도 자면서 살아간다.

사람도 마찬가지다. '이것 아니면 저것'이라는 식의 흑백논리에 빠지게 되면 그것에 고통받는 것은 다름 아닌 나 자신이 된다. 보다 포용력을 가진 유연한 회색지대를 갖게 된다면 더 오랫동안 견딜 수 있고, 위기와 난관을 이겨낼 수 있는 나름의 '융통성'이라는 것이 생길 여지가 있다.

우리 모두 정신적 회색지대를 만들기 위해 노력하는 자세가 필요하다. **계속 훈련하다 보면 누구나 밝아질 수 있고 누구와도 적당한 관계를 유지할 수 있다. 이는 사람을 불러모으는 사람들의 공통된 특징이기도 하다.**

'유연성의 유무'는 삶을 사는 방식의 차이 아니겠냐고 생각하는 사람도 있을지 모른다. 그 말도 맞다. 그리고 그런 유연성이 나 자신의 삶의 질과 인생의 성공을 좌우한다면 이야기는 달라지지 않을까? 여기서의 성공은 단순히 물질적 풍요만을 의미하는 것이 아니다. 인생의 성취라고 할 수 있는 대인관계와 정신적 풍요 모두를 말하는 것이다. 우리 자신의 행복과 주변 사람들의 행복을 위해 정신적 유연성을 가질 필요가 있다.

☑ 한 줄 POINT

인생에서 무언가 이루고 싶다면,

인간관계의 성패는 정신적 유연성에 달려 있다는 사실을 명심하라!

살면서 많은 혜택을 누리는 사람들의 2가지 비결

얼마 전 나와 함께 하루 종일 이곳, 저곳을 다니던 지인이 날더러 신기하다고 이야기한 적이 있다. 나랑 편의점에 갔더니 편의점 사장님이 과자를 공짜로 주고, 같이 커피숍을 갔더니 가게 사장님이 우리에게 조각케이크를 하나씩 먹으라고 공짜로 또 주고, 작은 사이즈의 커피를 주문했더니 서비스로 큰 사이즈의 커피로 업그레이드해주었다며 신기해했다. 또 주차타워 관리아저씨가 바로 전까지 다른 사람과 주차 시비가 붙어 싸우다가 나를 보더니 언제 그랬냐는 듯이 웃으며 대했다는 것이다. 과연 나는 무엇을 한 것일까? 사실 비결은 간단하다.

첫째, 밝은 얼굴로 상대방을 맞아주는 것이다. 사실 나는 그것들을 혜택이라고 생각하지 못하고 살았다. 왜냐하면 일상 속에서 자주 일어나는 일들이기 때문이다. 난 오히려 궁금했다.

'왜 다른 사람들은 이런 걸 혜택이라고 생각할까?'

지나간 내 과거를 곰곰이 돌이켜보니, 나는 어느새 만나면 기분이 좋아지는 사람이 되어 있었다.(이럴 때 아버지에게 고맙다고 생각한다. 덕분에 무의식적으로 사람들에게 사랑받으려 노력하게 되었기 때문이다.) 그 후로 나는 내가 만나는 모든 사람들에게 내가 하는 행동에 따른 혜택을 그대로 알려주기 시작했다. "당신이 있는 곳 전방 100M를 밝혀라"라는 주장으로 말이다.

사람들을 변화시키려면 그에 맞는 이유 혹은 혜택을 제시해줘야 했다. 그래서 만들어낸 말이 바로 이것이다.

> "웃으면 혜택이 많이 온다. 웃지 못한다면 내가 누려야 할 것을 다른 사람이 다 누리고 사는 모습을 보며 평생을 살아야 할 것이다."

나는 이렇게 좋은데 웃지 않을 이유가 없지 않느냐고 이야기하곤 한다. 물론 단지 웃기만 하는 것은 아니다.

둘째, 느끼는 부분을 말로 들려주는 것이다.

예를 들자면, 하루는 내가 일하고 있는 사무실 주변의 한 편의점에 들어갔더니 사장님이 방긋 웃으며 맞이해주고 계신 것이었다. 가끔

타 편의점에서 인사해도 받아주지 않거나 계산할 때 눈을 마주치지 않고 카드만 건네주는 알바생들을 접한 적이 있던 터라 더욱 반갑게 느껴졌다. 그럴 때 그 반가움을 말로 표현하는 것이다.

"최근에 만난 편의점 사장님 중에 가장 친절하신 것 같아요."

물론 상대에게 무언가를 바라고서 하는 행동은 아니다. 나는 웃음과 인정의 말로 나름의 덕을 쌓고 있다고 생각한다. 그래서 그런지 사람들도 나를 보면 많이 웃어준다. 물론 예의 없는 사람들을 만나면 내 안에 살고 있는 또 다른 아이인 '호랑이 성정'이 나오긴 하지만 함께 사는 인생, 서로 웃고 웃어주며 살았으면 하는 바람이다.

이벤트를 받는 사람과 이벤트를 준비하는 사람 중에 누가 더 행복을 느낄 거라고 생각하는가? 사실 받는 사람도 기쁘겠지만, 더 기쁜 것은 상대방이 기뻐할 모습을 상상하며 준비하는 쪽이라고 생각한다. 그래서 나는 "일상 속에서 사소한 것들을 나눠주고 행복한 사람이 되자"는 말을 자주 한다. 기왕이면 나눠주고 운을 버는 것이 좋지 않겠는가.

꼭 물질적인 것뿐만 아니라 상대의 마음을 헤아려준다거나 자리를 양보한다거나 일을 도와주는 것, 그리고 부드럽고 정다운 얼굴로 사람을 대하고 사랑의 말, 칭찬의 말을 하는 식으로 마음을 베풀 수도 있을 것이다. 베풂은 100미터 달리기에서는 쓸모가 없지만, 마라톤 경주에서는 반드시 진가를 발휘하게 되어 있다. 이것이 잘 안 되면 다른 사람이 잘되는 이유를 파악하기가 어렵다.

누군가 나에게 이런 것을 물은 적이 있다. "사람들이 왜 저 사람(A)한테는 잘해주는데, 나한테는 왜 잘 안 해주는 거지?"라고 말이다. 이런 의문이 든다면 원인을 한번 생각해보면 된다. 이상하게 누군가와 싸울 일이 자주 생기는 사람들이 있는데, 잘 웃는 사람에게는 아무래도 그런 일이 덜 생긴다. 사람들과 좋은 관계를 맺다 보면 사업도 잘된다. 왜냐하면 결국 사업은 사람들끼리 만나서 이루어지는 것이기 때문이다. 사업이 망했다고 한숨만 푹푹 쉬는 사람과 긍정적인 변화를 꾀하며 웃는 사람이 있다고 할 때 누가 더 도움을 받을 가능성이 더 높겠는가.

나는 사람들에게 묻곤 한다.

 "밝은 사람이 좋아요, 어두운 사람이 좋아요?"

그러면 대부분 "밝은 사람이요"라고 답한다. "그렇다면 나 스스로는 어떤 사람인가요?"라고 되물으면 자신 있게 대답하지 못하는 사람이 많다. 내가 이토록 웃는 것을 강조하는 이유는 웃으면서 사는 사람들은 수많은 혜택을 누리며 살고 있는 반면, 웃지 않는 사람들은 그런

혜택을 전혀 모르고 살기 때문이다. 하다못해 볼 때마다 기분이 좋아진다는 말을 자주 듣게 되고, 좋은 기회가 있을 때 가장 먼저 추천해주기도 한다. 사람을 소개시켜달라고 말하는 사람의 얼굴이 밝지 않고 어두우면 대체로 그 사람에게는 소개하기란 쉽지 않을 것이다.

종종 나에게 인재를 소개시켜달라는 요청이 들어온다. 그럴 때 내가 어떤 사람을 떠올릴 것 같은가? 바로 평소에 긍정적인 언어를 쓰거나 미소가 가득한 사람이다.

평소에 웃는 것만 중요한 것이 아니라 상대가 부정적인 말을 할 때 보이는 반응 또한 중요하다. 만약 당신이 판매를 하는 사람이라면 고객이 "비싸요", "좀 더 생각해볼게요"라는 식으로 말한다 해도 얼굴을 찡그리거나 표정이 굳어지지 않도록 주의해야 한다. 그런 때야말로 진정으로 여유 있게 웃어줄 때인 것이다.

손님에게 웃는 낯으로 친절하게 대하던 사람도 구매를 안 하겠다고 하면 바로 '썩소 (썩은 미소)'로 바뀌는 경우가 있다. 심지어 그것을 본인이 의식하지도 못한 채 말이다. 그러면 손님은 어떤 생각을 할까? 좀 전까지 웃던 사람이 갑자기 표정이 변한다면 말이다. '이곳에서 안 사길 잘했다'는 생각을 하게 되지 않을까? 내 지인의 경험담이다. 그와는 반대로 대화를 하다가 상대의 표정이 굳어 있으면 '아, 지금 내 얼굴이 굳어 있구나'라고 생각하라. 내가 웃어야 상대도 웃는다. 물론 표정이 안 좋게 바뀌는 사람의 입장도 이해는 한다. 상품 설명에 공을 들였는데 그것에 대한 보상이 사라진다는 생각에 그런 표정이 나올 수도 있다. 하지만 그런 때야말로 웃어야 한다. 웃기 힘든 상황에서도 웃어주는 사람이라니, 이 얼마나 멋진 포용력인가? 쿨하고 멋지게 웃어줄 수 있다면 말이다. 진심으로 상품을 사랑하고 있다면 되레 그것을 선택하지 못하는 상대를 연민으로 대하게 된다. 그러니 온화한 표정이 나올 수밖에. 이렇듯 모든 일을 바라볼 때 관점을 바꿔야 한다.

이것을 우리는 협상 현장에 어떻게 접목할 수 있을까? 만약 상대가 "생각해볼게요"라고 결정을 보류하거나 "별로인 것 같네요"라는 발언을 해 당황스러울 때조차 우리는 여유 있게 웃어줄 수 있도록 노력해보자. 그렇게 여유 있는 모습을 보여줄 수 있다면 상대는 오히려 그 여유에 반하게 될 것이다.

항상 웃는 일은 생각만큼 쉽지 않다. 처음엔 얼굴에 경련이 일어날 수도 있다. 그러나 익숙해지면 상대의 신뢰를 받게 될 것이다. 지금 당장 입꼬리를 올려보자. 입꼬리 근육도 근육이다. 근육은 사용하지 않으면 굳고, 반대로 사용하면 익숙해지게 마련이다. 그리고 익숙해진 순간부터 우리의 인생은 달라질 것이다.

전화를 걸어서 똑같은 말을 하더라도 입꼬리를 올리면서 웃는 표정으로 말하는 것과 그렇지 않은 채 무뚝뚝한 표정으로 말하는 것은 전혀 다른 느낌을 준다. 보이지 않더라도 그 느낌이 그대로 전달되는 것이다. 나는 이것을 '웃음 머금은 목소리'라고 부른다.

유튜브에 '주하효과'라고 치면 나의 동영상을 볼 수 있다. 그중 종이로 입을 가리고 말하는 실험 영상이 있다. 두 영상의 차이점을 말해보라고 하면 '왠지 모르게 더 친절해 보였다', '목소리 톤이 달랐다' 등등의 대답이 나오는데 사실 딱 하나만 바꿨을 뿐이다. 바로 입꼬리를 올린 것이다. 입꼬리를 올리면 목소리도 안정감 있게 변한다.

한편 우리는 평소 친절하되 가볍지 않은 목소리를 내기 위해 노력해야 한다. 미팅 약속이 취소되었다면 그것은 어쩌면 전화상의 목소리에서 신뢰감을 심어주지 못했기 때문일 수도 있다.

사람들이 간혹 나에게 '다른 이를 설득시키는 기가 막힌 멘트'가 있냐고 물을 때가 있다. 그러면 나는 물론 존재한다고 대답한다. 다만 누가 쓰느냐에 따라 다르다고 이어 말한다. 목소리의 온도를 높여라. 사람들은 정감 있는 목소리와 더불어 환한 얼굴을 더 선호하고 신뢰한다. 좋은 화법으로 말하더라도 어떤 자세로 하느냐에 따라 상대의 반응은 달라진다. 눈에 보이지 않는 전화 통화 시의 자세가 매출에까지 영향을 준다는 것을 경험하게 되면 깜짝 놀라게 될지도 모른다.

이 글을 읽고 앞으로 많은 혜택을 누리며 살게 될 우리 현명한 당신에게 축하의 뜻을 전한다.

✔ 한 줄 POINT

인생에서 무언가 이루고 싶다면,

웃는 습관으로 당신의 호감지수를 높여라!

인생을 바꾸고 싶다면
당장 오늘부터 바꿔라

인생을 살다 보면 '심장이 멈췄을 때 되살려주는 재세동기'처럼 우리의 활력을 일깨우는 무언가가 필요할 때가 있다. 사람은 누구나 때때로 나약해지거나 나태해질 수 있기 때문에 이런 장치는 분명 필요하다.

그렇다면 과연 무엇이 우리에게 그런 역할을 해줄 수 있을까? 사람마다 다르겠지만, 나의 경우엔 가까운 사람들이 말하는 나의 장점을 떠올리곤 한다. 더 나아가 '자신감 노트'를 만들어보는 것도 좋다. 누군가에게 들었던 말 중 기분 좋았던 것이나 스스로 생각하기에 자신이 참 '괜찮은 사람'이라는 것을 구체적으로 증명하는 점들을 적어보는 것이다. 이렇듯 우리의 활력을 되살리는 수단은 분명 필요하다. 이것은 일종의 자신과의 협상이다. 그렇게 활력을 채워나가고 자신을 채찍질하다 보면 더 나은 모습으로 길을 갈고닦을 수 있을 것이다.

자신과 협상할 수 있는 또 다른 방법으로 '노는 물'을 관리해야 한다. 그리스의 현자 소프론은 자녀교육에 엄격했는데, 어느 날 그가 딸에게 좋은 친구를 사귀라고 말하자 딸이 대답했다.

"아버지, 저는 좋지 못한 사람들에게 물들 존재가 아니에요."

그러자 그는 딸에게 숯을 하나 주면서 손을 더럽히지 말고 집어보라고 했다. 딸은 손을 더럽히지 않으려고 조심하면서 숯을 집었지만 결국 손에 까만 흔적이 남았다. 딸이 아무리 조심해도 손을 더럽히지 않을 수 없었다고 말하자 그는 빙그레 웃으며 말했다.

"불량한 친구와 어울리는 것도 그와 같다."

이것은 베스트셀러 《시크릿》에서 말하는 '끌어당김의 법칙'으로도 설명이 된다. 세상의 모든 존재는 비슷한 것끼리 모여 있다. 자연계를 보아도 나무는 나무끼리, 물은 물끼리, 돌은 돌끼리, 구름은 구름끼리 모여 있다. 인간 세상도 마찬가지다. 잘나가는 사람은 잘나가는 사람끼리, 그와 반대되는 사람들 또한 비슷한 사람들끼리 모여 있다. 100퍼센트는 아니지만 대개 그렇다.

'근주자적근묵자흑近朱者赤近墨者黑'이라는 옛말처럼 사람은 누구나 환경의 영향을 받는다. 만약 우리가 긍정적인 사람이 되고 싶다면 주변을 긍정적인 사람들로 채워야 한다.

성과를 잘 내는 그룹일수록 서로 정보를 주고받으며 동료가 잘하면 '나도 더 열심히 해야겠다'는 각오를 다진다. 놀랍게도 그와 반대되는 그룹은 모여서 하는 이야기가 신세 한탄이나 뒷담화인 경우가 많다고 한다. 낮은 성과를 잘 알려주지 않는 상사나 다른 사람의 탓으로 돌리며 정당화시키는 것이다.

재미있는 것은 후자 그룹은 서로를 보면서 '그래도 나는 저 정도는 아니야', 또는 '나만 힘든 게 아니군' 하면서 위안을 받는다는 사실이다. 그래서 멤버 중 하나가 잘나가려고 하면 못 나가게 발목을 잡는다고 한다. 혼자 남게 될 자신의 모습이 외롭고 속상하기 때문이다. 이러한 사실은 나로 하여금 배울 것이 많은 사람들과 어울려야겠다는 의지를 불타게 했다.

노는 물을 관리하라는 말은 실상 자신의 미래를 관리하라는 말과 같다. 나도 한때는 부족한 나를 합리화시키거나 동조를 얻기 위해 부정적인 사람을 더 가까이하기도 했다. 하지만 속이 시원한 것은 말할 때 뿐이고, 상황은 변하지 않는다는 것을 알고부터는 바뀌려고 노력했다. 그렇게 어느 순간 부족한 자신의 모습을 합리화시키지

166

않고 부족한 것을 스스로 인식할 때 사람은 비로소 성장할 수 있다는 사실을 깨달았다.

자기 자신을 성장시키기 위해서는 하루를 관리해야 한다. 오늘 하루를 떠올려보자. 나는 어떤 사람들과 어울리며, 어떤 생각을 하며 하루를 보냈는가. 만약 바꿔야 할 필요를 느꼈다면 주변 환경부터 바꿔야 한다.

✔ **한 줄 POINT**

인생에서 무언가 이루고 싶다면,

내가 닮고 싶은 사람들과 더욱 가까이하라!

"신발만
정리하세요"

한동안 전 세계 수천 개의 신문과 TV 쇼들에서 집중조명 했던 내용이 있다. 바로 집에 있던 빨간 클립 한 개를 물물교환 하여 1년이 채 되지 않은 기간에 집 한 채를 얻게 된 청년의 이야기였다.

그는 전설의 락그룹 '키스'의 로고가 새겨진 스노우글로브 ⇨ 영화 출연권 ⇨ 키플링 시의 집 한 채 등 총 14번의 거래를 통해 빨간 클립을 집 한 채로 바꾸었다. 대수롭지 않게 여길 수 있는 작은 클립 하나로 집을 얻기까지의 아이디어나 실행력도 멋지지만, 무엇보다 작은 시작이 큰 결과를 이루어내는 열쇠가 될 수 있다는 깨달음을 주었다는 것이 대단하다고 볼 수 있다.

사실 우리 뇌는 변화를 싫어한다. 뇌는 두려움을 우회하는 '스몰

스텝' 전략을 세우길 좋아한다. 그도 그럴 것이 우리의 삶은 질서정연하게 움직이지 않는다. 변화무쌍하기에 무언가를 시도할 때에는 늘 그렇듯 위험 부담을 가질 수밖에 없다. 하지만 삶을 변화시키려면 분명 행동의 변화가 필요하다. 두려움을 당연하게 생각하고, 자신의 발전을 위한 기회의 신호로 이해하는 것은 어떨까? 이를 위해 아주 크게 변화할 필요는 없다. 아주 작고 소소한 변화를 실천하는 것부터 시작할 수 있다.

예전에 한 분이 이야기해준 일화를 소개하겠다.

심리 상담을 하는 분에게 인생에 무기력증을 느끼는 한 사람이 찾아왔다고 한다. "선생님, 제가 좋아질 수 있을까요?"라고 묻는 그 사람에게 상담자는 웃으며 "네, 편히 돌아가셔서 아무것도 하지 마시고, 이거 하나만 해보세요"라며 알려준 것이 바로 그날 신고 갔던 신발을 정리하는 것이었다고 한다. 무기력증을 없애고 싶다는데 신발 정리를 하라니……. 그런데 놀랍게도 그렇게 일주일이 지나자 옆에 정리 안 된 신발들이 보이고, 점차 방도 치우게 되었다고 한다. 그렇게 조금씩 변하던 그는 결국 취업까지 해서 출근을 하게 되었다는 이야기였다.

이처럼 '작은 생각'의 힘을 도외시해서는 안 된다. 좋은 일을 생각하면 좋은 일이 생기고, 반대로 나쁜 일을 생각하면 나쁜 일이 생긴다. 오감을 이용해 어떤 일을 하고 있는 모습을 몇 분간 상상하는 것만으로도 두뇌의 화학반응은 변한다고 한다. 아주 작은 생각이 우리의 행동을 만들고, 그것은 위대한 성장을 이끌어낼 수 있다.

세상의 모든 위대한 발견이나 대단한 일들도 모두 작은 생각에서 비롯된 것들이다. 실은 그런 생각을 하고 있는 우리 모두가 위대한 존재들인 것이다. 작은 것 하나라도 기꺼이 변화하기 위해 행동한다면 우리는 누구나 위대한 사람이 될 수 있다.

내 주변 사람들은 대체로 나를 밝고 긍정적인 사람이라고 말한다. 내가 이제껏 들었던 말 중 가장 기분 좋았던 말은 "항상 웃고 있는데, 무언가 함부로 할 수 없는 아우라가 느껴진다"는 말이었다. 사실 나도 과거에는 자존감이 그리 높은 사람이 아니었다. 자존감을 높이기 위해 많은 시도를 해보고 시행착오를 해왔고 요긴한 방법을 찾았다. 나는 그것을 꼭 많은 사람들과 공유하고 싶다.

왜 사람들은 끊임없이 다른 사람을 우러러보면서 스스로에 대해 만족을 못할까? 나는 이것이 우리 스스로가 자신과 협상해야 할 하나의 과제라고 생각한다. 스스로에 대한 만족도를 높이는 방법 중 하나는 다른 사람에게 듣고 싶은 말을 지금 곧바로 나에게 들려주는 것이다. 그것은 나 스스로를 인정하는 요긴한 방법이다.

어차피 상대방은 내가 듣고 싶은 만큼, 원하는 만큼 인정해주지 못한다. 그렇기 때문에 계속 갈증이 나는 것이다. 내가 상대방에게 듣고 싶은 말이 있거든 내가 나에게 직접 들려주자.

예를 들어 음식을 만들어서 지인에게 가져다줬을 때 지인이 간단하게 "그래, 잘 먹을게" 정도로만 말했다고 치자. 만약 더 큰 표현을 듣고 싶었는데 '내가 생각했던 것만큼' 인정을 못 받는다면 되레 서운함을 느낄 수 있다. 심지어 그 사람을 미워하는 경우도 생겨난다. 분명 내가 좋아서 음식을 만들고 선물한 것일 텐데 일순간에 미움으로 변하는 그 심리가 바로 '듣고 싶은 말이 있었기 때문'임을 알면 좀 더 너그러워지지 않을까? 왜냐하면 대한민국 사람들은 칭찬에 인색하기 때문이다. 고맙지 않아서가 아니라 표현 방법이 서툰 것일 뿐이다. 그렇기 때문에 가장 좋은 방법은 내가 듣고 싶은 이야기를 내가 직접 나에게 들려주는 것이다. 만약 샌드위치를 만들고 가져다주는 상황이라면 이동하면서부터 곧바로 나 스스로에게 이렇게 이야기해주는 것이다. 이런 식으로 말이다. "이야, 역시 김주하! 네가 이러니까 당연히 잘될 수밖에…"라고 혼잣말로 나에게 충분히 인정해주는 시간을 많이 갖는다면 자존감이 높은 자신과 만나게 될 것이다.

✅ 한 줄 POINT

인생에서 무언가 이루고 싶다면,
변화를 두려워 마라. 변화의 씨앗은 깨알만한 작은 생각에서부터 출발한다!

성공의 크기는
꿈의 크기에 비례한다

성공한 사람들의 모습은 흡사 백조의 모습과 비슷하다. 백조는 수면 위에서 보면 고고하고 우아한 자태를 뽐내고 있지만, 물속에서는 쉼 없이 다리를 움직이고 있다. 자신의 발전과 성장을 위해 끊임없이 노력하는 사람들의 모습 또한 바로 이러하다. 끊임없는 노력과 자기 성찰로 스스로를 계속해서 업그레이드시키기 위해 노력하는 그들의 모습은 백조와 비슷해 보인다.

누군가 정말 부럽다면 그들의 생각과 노력을 그대로 나에게 접목시켜보자. 그러면 우리도 똑같은 백조 군단의 일원이 될 수 있다. 꿈을 이루고 싶다면 꿈을 이룬 사람들의 모습을 따라 하면 된다. 재미있는 사람이 되고 싶다면 재미있는 사람의 말을 그대로 따라 하고, 성공하고 싶다면 성공한 사람의 생각과 발자취를 따르면 된다. 성공의 크기는 꿈의 크기에 비례한다.

예전에 정서가 너무나 진지해서 유머러스함을 배우고 싶어 하는 한 분이 있었다. 그분이 자기소개를 아래와 같이 바꾸자 사람들이 유머 있는 사람으로 생각하게 되었다.

"궁금하시지 않겠지만, 저 장가갔습니다.

그리고 또 궁금하시지 않겠지만 공교롭게도……,

아직 와이프가 살아 있습니다."

그 말을 듣던 청중들은 그야말로 빵 터졌다. 그분은 금세 진지한 스타일로 돌아갔지만, 어쩐 일인지 사람들의 기억 속에는 웃기고 재미있는 사람으로 남아 있다. 사실 이분처럼 누군가의 웃긴 표현들을 따라 하면 누구든 웃긴 사람이 될 수 있다. 자신의 원래 기질이나 평소의 모습은 중요하지 않다.

호텔왕 힐튼은 하찮게 여겨지는 벨보이에서 다국적 호텔의 경영인이 되기까지 자신의 꿈을 결코 포기하지 않았다. 그는 큰 호텔 사진을 벽에 붙여놓고 '나는 할 수 있다'고 끊임없이 다짐했다. 자신의 꿈을 강렬하게 응원하는 일을 게을리하지 않았던 것이다.

그렇다면 성공한 사람들의 생각은 어떻게 다를까? 그들은 스스로 어떻게 동기부여를 하고 있을까? 아는 한 회장님 같은 경우, 연초에 회사의 목표를 열 가지 정도 세우고 앞글자만 따서 하루에도 몇 번씩 외우곤 하신다. 그리고 함께 일하는 회사 식구들에게도 그것을 외우게 하며 매일 회사의 목표를 공유하기 위해 애쓰신다.

명문대 출신인 그분은 군대를 전역하고 회사에 취업을 할 수도 있었지만 장사나 세일즈를 통해 자신의 역량과 경험을 쌓아가기로 결심했다. 그리고 '그 노하우를 훗날 다른 사람들에게 알려주는 사람이 되겠다'고 다짐했다고 한다. 그렇게 쌓인 세상을 달리 보는 창의력과 실전 경험들은 오늘날 그분의 매우 유용한 자산이 되어 사람들의 매출을 올려주는 일을 돕는 데 쓰이고 있다.

목적의식을 가지고 열정적으로 끊임없이 노력한다면 빛나는 결과가 도출되기 마련이다. 여기서 '동기부여'가 역시 큰 역할을 한다. 좋을 때나 나쁠 때나 동기부여가 중요하다. 끊임없이 동기부여를 하다 보면 어느 사이엔가 우리는 강한 사람이 되어 있을 것이다. 또 그것이 상승세를 타게 되면 더욱 많은 것을 얻게 될 것이다.

나이키 광고의 대표적 슬로건은 "just do it!"이다. 번역을 하자면 "그냥 해봐!"가 될 것이다. 이 말은 위대한 성공을 만들어내는 시작점이라고 할 수 있다. 목표를 달성한 사람들의 특성을 살펴보면 생각과 행동에 결단력이 있다. 그리고 그것을 현실화하며 행동으로 옮긴다. 결단력은 상황을 제어하고 빠른 상승 궤도에 오를 수 있도록 도와주는 힘이 있다.

절대 실패하지 않을 것이라는 믿음을 갖고 행동하는 것이 중요하다. 이것은 모든 성공 원칙 중에서 가장 강력한 원칙이다. 반드시 성공할 것이라는 확신을 갖고 행동할 때 모든 에너지는 나를 위해 움직이기 시작한다. 어떤 이유에서든 의심이 들기 시작한다면 그것을 밀쳐내고 절대로 실패하지 않을 것처럼 행동하는 것이 중요하다.

한 줄 POINT

인생에서 무언가 이루고 싶다면,

성공할 거라는 확신을 가져라! 크게 성공하고 싶다면 먼저 꿈부터 크게 꿔라!

5장

우리는 모두
원하는 것을 이룰 수 있다

협상에서 내가 리드를 하느냐, 리드를 당하느냐의
문제는 굉장히 중요하다. 상대를 내가 원하는 방향
대로 움직일 수 있는 힘은 외부에 있지 않다. 우리 모
두 그 힘을 가지고 있다. 우리 스스로가 그 힘을 길러
내주기만 하면 될 뿐이다.

NEGOTIATION

치열하게 고민하면
돈은 따라온다

대학생 시절, 일하는 재미를 느끼며 성취감을 맛보았던 경험을 이야기해보려고 한다. 횟집 알바를 할 때 단체 손님이 한 20명 정도씩 왔는데, 단체 손님들이 오면 묘하게도 무조건 싼 메뉴를 주문하는 경우가 많았다. 이유인즉, 많은 사람들이 함께 오면 중간에 메뉴를 두고 한참 실갱이를 하다가 나오는 이야기는 대부분 "그냥 제일 싼 것 먹어"였다.

그러다 보니 어떻게 하면 이모에게 도움을 줄 수 있을까 고민하고 또 고민했다. 나는 고민 끝에 한 가지 방법을 생각해냈다. 방법은 사공을 줄이는 것이었다. 그리고 이렇게 말하기 시작했다.

"이 중에 진짜 주문하실 분이 누구세요?"

이럴 때 여러 명이 손을 들면 "아니, 딱 두 분이요"라고 말하는 것이다. 많아야 두 명이 선정되면 바로 그들을 일으켜 세우는 게 포인트다. 열 명이 넘는 사람과 협상하는 것보다 단 두 명과 협상하는 것이 훨씬 빠르고 쉽기 때문이다. 그러고서 나머지 사람들에게는 음식을 가져다주는 것이었다. 그러면 사람들이 그것을 먹느라 바빠져 나는 내가 원하는 방향대로 수월하게 주문을 끌고 갈 수 있었다. 물론 이것은 고객의 심리에 대해 많이 고민하고 잘 해보려고 연구한 끝에 터득한 방법이다. 주문이 끝나는 순간부터는 '어떤 메뉴를 시켰든지 공평하게 서비스를 잘해준다', 이것이 나의 철칙이었다. 왜냐하면 그 시절 나를 믿어주고 무수히 기회를 주던 주인 이모에게 보답하는 방법은 차별 없이 모두에게 잘해주는 것이라고 생각했기 때문이다. 그러다 보니 팁을 주는 사람들도 많이 있었다.

한번은 한 아주머니가 내게 잠깐 와보라고 하시더니 주머니에서 꼬깃꼬깃 구겨진 2천 원을 꺼내주시는 것이었다. 진짜로 고맙다며, 마음은 더 많이 주고 싶은데 돈이 많이 없어서 이것밖에 못 준다면서 되레 미안해하셨다. 갈 때 차비라도 하라며 쥐어주셨는데 이상하게 그 마음이 전해져서인지, 우리 엄마의 모습과 겹쳐져서인지 그분이 아직까지도 기억에 남는다.

그동안 열심히 일만 했으니 마지막 학기만큼은 대학 생활을 즐기고 싶어 나는 비교적 쉬운 알바를 선택하기로 했다. 그래서 시청 아르바이트를 시작했다. 며칠이나 지났을까.

"와서 좀 도와줘야겠다."

이모의 전화를 받게 되었다.

그렇게 '시청에서 퇴근'을 하자마자 '횟집'으로 달려가 저녁 아르바이트를 하는 삶이 시작되었다.

횟집에서는 하루에 보통 3-4시간 정도 일을 하게 되었다. 대신 주말에는 누가 시키지는 않았으나 워낙 바빠 보여서 일찍 출근하여 이모를 도와드렸다. 그리고 그 달 급여로 '200만 원'을 받았다. 10년도 더 전의 일이었고, 당시 아르바이트 시급이 2,000원 초반대였으니 대학생 아르바이트 치고는 꽤 큰 돈이었다. 물론 내가 그런 대가를 바라고 열심히 일한 것은 아니었다. 처음엔 내가 일하는 곳이니 그 곳에 도움이 되는 사람이 되고 싶었고, 시간이 갈수록 계속해서 나를 믿고 인정해주는 이모가 고마워서 지속적으로 노력하다 보니 돈은 그저 따라왔다.

✅ 한 줄 POINT

인생에서 무언가 이루고 싶다면,

당신이 어디에 있든 매 순간에 최선을 다하라!

"손님이 주랜 허믄
아끼지 말앙 다 주라게!"

그렇다면 이모는 어떻게 테이블 4개뿐이던 작은 가게를 '제주도 매출 1위'의 음식점으로 키워낼 수 있었을까. 내가 듣기로 몇 년 전 '하루 최고 매출'이 제주임에도 불구하고 4,000만 원이 넘는다고 했던 것 같다. 나는 그 이유가 바로 이모의 '사람을 남기는 경영'때문이라고 생각한다.

이모는 횟집에 온 어린아이들이 먹을 것이 없다며 해물을 잘 먹지 못하면 계란프라이 하나라도 더 해주려고 했고, 외부에 나가서 돈가스 소스 만드는 것을 배워 오시더니 밑반찬으로 내놓기 시작하셨다. 그 이후로도 무언가를 더 주려고 연구하셨다. 그리고 급기야 언제부턴가는 팥빙수까지 내주기 시작했다. 이모는 항상 이런 식이었다. 그렇게 손님이 기쁜 경영을 하던 쌍둥이횟집에서 대학 시절 내내 아르바이트를 했던 게 나에게는 큰 도움이 되었다. 세상을 보는 눈을 키웠기 때문이다.

쌍둥이횟집에서 일하기 바로 직전에 다른 횟집에서 아르바이트를 한 적이 있었는데, 그곳은 개업 후 몇 개월 만에 문을 닫아버렸다. 그 곳 사장님은 손님이 밑반찬으로 나갔던 해물 중에 멍게를 더 달라고 하면 나에게 돈을 더 받아오라고 했다. 아마 손익 계산을 따졌기 때문일 것이다. 아르바이트생인 내가 보기에도 그건 좀 아닌 것 같아 조금만 주자고 하면 진짜 조금만 주셨다. 가져다주기가 민망할 정도였다. 아마 손님들도 주인이 더 주기 아까워한다는 것을 느꼈을 것이다.

그에 반해 쌍둥이횟집 이모는 달랐다. 여섯 명이 와서 "저희 이미 많이 먹고 왔어요"라고 말하며 메뉴 하나만 시키고 밑반찬을 계속 추가해서 더 달라고 하다 결국 두 테이블 음식보다도 더 많이 나가게 되었을 때에도 이모는 흔쾌히 대접했다. 그러면 손님들은 나가면서 미안해하며 다음에는 꼭 많이 시키겠다고 말하곤 했다. 그런 손님들이 계속 그 집을 찾게 되면서 장사가 더욱 잘될 수 밖에 없는 것이었다. 나눠주는 것을 좋아하지 않으면 절대 음식 장사를 하지 말아야 한다. 나는 그렇게 어깨 너머로 이모에게서 많은 것들을 배우게 되었다. 그리고 그 경영은 직원분들에게도 이어졌다. 그러다 보니 장기간 일하는 분들이 많았다.

우리끼리 우스갯소리로 일한 지 10년이 안 된 직원은 이곳에서 명함도 내밀지 못한다고 했으니 말이다. 그렇다면 직원들이 오래 일하는 그 비결은 무엇이었을까?

내가 생각하는 비결을 몇 가지 적어보려고 한다.

첫째, 대부분의 횟집에서는 주방장의 권한이 커서 추가 음식을 더 달라고 말하려 해도 다들 눈치를 보는 데 비해, 이곳에서는 일하는 파트별로 권한을 나누었다. 쉽게 말해 각 파트의 책임장을 두고, 일하는 모두에게 책임과 권한을 주었던 것이다. 그러다 보니 책임감이 생기고, 그 누구보다 손님을 우선시할 수 있었다.

둘째, 입사할 때 따로 이야기하지 않았지만, 열심히 하는 사람에겐 능력제로 급여를 주었다. 말 그대로 경력, 나이 그 무엇도 관계없이 누구에게나 인정받을 수 있는 기회가 있었다.

셋째, 손님이 많아지는 성수기가 되면 이모는 누가 말하지 않아도 급여를 더 챙겨주었다. 내가 기억하기로 당시 직원이 50명 정도 되었는데 사람들에게 주지 않으면, 그것이 모두 순수익으로 남았을 일이다. 그럼에도 이모는 더 큰 이문이 아니라 사람을 남기셨다.

넷째, 이모는 일이 잘되고 있음에도 늘 연구하셨다. 밑반찬을 계속 새로 바꿔보기도 하고, 그릇을 더 고급적인 걸로 바꿔보기도 하는 등 가게를 위한 노력을 계속했다. 그리고 이모 본인 스스로를 위해 학교를 가기도 하고, 책을 보기도 하며 본보기가 되어주셨다.

다섯째, 잘하는 사람을 치켜세워주기보다 더딘 직원들에게 칭찬과 관심 어린 애정을 보여주셨다.

심지어 몇 년 전부터 이모는 가게를 한 달에 한 번 닫고 제주 할머니, 할아버지를 400여 분 넘게 모셔서 무료로 음식을 제공해드리고 있다고 한다. 하늘도 감동시키는 경영을 옆에서 배울 수 있었음에 다시 한 번 감사하다. 그런 기회 속에서 배웠던 노하우를 한 가지 더 공유해볼까 한다.

사람들에게 너무 많은 것을 제시하면 오히려 선택하기 어려워한다. 메뉴판을 보여줄 때에도 "맛있는 것을 찾으세요, 보편적인 것을 찾으세요? 아니면 싼 것을 찾으세요?" 이렇게 세 가지를 제시하는 것보다는 "맛있는 것을 찾으세요, 보편적인 것을 찾으세요?"라며 협상에 유리한 두 가지만 제시하는 것이 좋다.

포인트는 자신이 원하는 방향의 '제한적 질문'을 만들어서 제시하는 것이다. 직접적으로 무언가를 권하기보다는 고객이 스스로 선택하도록 선택의 폭을 좁혀주는 것이 협상하는 사람의 역할이다. 협상의 승패 여부는 바로 우리의 언어에 달려 있다.

 **한 줄 POINT**

인생에서 무언가 이루고 싶다면,

경영자의 협상법, 베풂의 미학을 배워라!

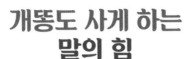

개똥도 사게 하는
말의 힘

최인철 교수의 저서 《프레임》에서 아주 재미있는 사례가 나
온다.

'신체적으로 아무 이상이 없는데도 오랫동안 아이를 갖지 못한 부
부가 입양을 하게 되면 임신할 가능성이 높다'는 연구 결과를 들었다
고 해보자. 아마도 많은 독자들이 이 연구 결과에 별로 놀라지 않을
것이다.

"그거야 당연하지. 입양을 하고 나면 임신에 대한 부담감이
적어지고, 스트레스 없는 상황에서 부부 생활을 하니까 임신
할 가능성이 더 높아지는 거지. 교수들이 기껏 이런 연구나

하다니……."

사람들은 이렇게 말하면서 혀를 찰 것이다. 그렇다면 반대로 '신체 상의 문제는 없지만 오랫동안 아이를 갖지 못한 부부가 입양을 하게 되면 임신할 가능성이 더 줄어든다'는 연구 결과를 들었다고 하자. 이번에도 역시 사람들은 놀라지 않을 것이다.

"그거야 당연하지! 입양으로 아이가 생겼으니 임신하려는 노 력을 더 이상 하지 않을 것이고, 노력을 적게 하니 아기가 생 길 가능성이 낮아지는 거지. 그걸 꼭 연구해야만 알 수 있나"

이렇게 말하며 이전의 사례에서처럼 '교수들이 기껏 이런 연구나 한다'며 혀를 찰 것이다. 똑같은 상황에 다른 결과인데도 불구하고, 왜 사람들은 양쪽 결과 모두를 그럴 줄 알았다고 생각하는 것일까?

위의 이야기에서 주는 교훈은 나의 말에 따라 상대방의 반응이 달라 진다는 것이다. 쉽게 말해 결과에 맞는 합당한 이유를 스스로가 찾고 합리화시킨다는 것이다.

예를 들어 잠들기 전 초등학생인 아들에게 양치를 시키고 싶다고 해 보자. "밤이니까 양치하고 자야지" 하면 아이는 콧방귀도 안 뀔 것이 다. 그런데 이때 "동수야, 아빠 오늘은 양치하지 말고 잘까?"라고 묻는다면, 아이는 스스로 양치를 안 하면 안 되는 이유들을 나열하며 아빠의 손을 잡고 양치를 하러 가게 될 것이다.

이처럼 협상에서 주도권을 잡는 가장 확실한 방법은 상대에게 되레 물어보는 것이다. 대부분 협상이라고 하면 주로 여러 가지 근거들을 제시해서 상대방을 설득하는 것을 떠올리기가 쉬운데, 주도권을 잡기 위해서는 거꾸로 상대에게 물어봐야 한다.

2016년도에 협회와 인연을 맺게 된 변호사 부부가 계신데 그분들과 더불어 상담실장님을 교육해드린 결과 수입이 기하급수적으로 늘었었다. 그때 상담실장님과 만들어낸 멘트 중 하나를 소개해볼까 한다. 만약 의뢰인이 "저한테 의뢰하시려면 착수금은 ○○입니다"라는 말을 듣는다면 의뢰를 할까 말까 고민할 것이다. 이럴 때 되레 물어보는 것이다.

"우리 아무개님, 우리가 왜 함께해야 될까요? 저희랑 꼭 해보고 싶은 이유가 있으신가요?"라고 물어 상대 스스로 그 이유를 설명하게 만드는 것이다. 다른 곳보다 이런 점이 좋을 것 같고, 이런 것을 좀 더 잘할 것 같고 등등. 이처럼 고객이 스스로 대답하게 하면 저절로 거래가 성사된다. 왜냐하면 고객 스스로 납득되는 이유를 말하며 스스로 선택하게 되기 때문이다.

나쁜 남자, 나쁜 여자의 매력을 알고 있는가? 누군가 나에게서 멀어지려고 할수록 더욱더 가까워지고 싶고 어필하고 싶어지는 것이 사람의 심리다. 이처럼 협상을 할 때에도 그들 스스로 우리와 함께하기를 바란다고 이야기하게끔 만들어야 한다. 상대를 리드하려면 갑으로서의 모습을 보여줘야 한다.

과거 한국전쟁 때 북한과 함께 참전한 중공군(중국군)이 미군 포로들에게 어떤 실험을 했다는 일화가 있다. 그들은 미군 포로들을 상대로 백일장 대회를 열고 공산주의 국가에도 장점이 있는지, 또한 미국에도 문제가 있다면 어떤 점이 있는지 등을 주제로 글짓기를 시켰다고 한다. 이것은 직접적으로 자신의 조국을 반역하게 하는 노골적인 내용은 아니었기에 미군 포로들도 큰 저항감이 없었다고 한다. 이것을 반복적으로 시행한 후에 포로들에게 공산주의에 대해 어떻게 생각하는지 견해를 묻자 "나름대로 괜찮다"고 대답하는 사람도 있고, 미국에 대해 안 좋은 면을 부각시키는 사람도 있었다고 한다.

이것이 우연이었을까? 결코 우연이 아니다. 상대를 설득시키는 가장 좋은 방법은 스스로 납득하도록 만드는 것이다. 스스로 납득하게끔 유도할 수 있는 질문으로는 다음과 같은 것들이 있다.

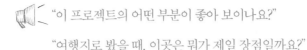
보통 사람들은 이런 것들에 대해 구체적으로 설명하지만, 지금까지 첫 장부터 쭉 나와 함께해온 우리 독자분들이라면 아마 알고 있을 것이다. "내 생각에 이런저런 이유 때문에 좋은 것 같은데요"라고 스스로 납득하게 해야 효과가 있다는 것을 말이다. 그리고 또 자기 스스로 인정하게 하는 것이 제일 빠른 길이라는 것을 말이다.

한의원에서 파는 '공진단'이라는 것이 있다. 한 알에 3만 원짜리인데, 한 알만 먹어도 아침에 눈이 번쩍 떠진다고 한다. 그래서 기력이 없는 할머니, 할아버지들은 공진단으로 하루하루를 버티시기도 한다.

나는 작년에 수업 보강을 일주일에 4일씩 열었다. 수강생들에게 더 많이 알려주고 싶어서 계속 실습을 시키다 보니 한번 시작하면 짧게는 4시간에서 길게는 8시간까지 수업을 했다. 주로 외워서 하는 강의가 아니라 개개인의 상황과 장점에 맞춰 멘트를 만들어주는 수업이다 보니 두뇌를 많이 쓴 탓일까, 에너지 소모가 많았다. 그때부터였던 것 같다. 베개에 머리만 대면 바로 곯아떨어지는 것 말이다. 내가 너무도 아끼는 나의 재치 있는 절친이 말하길, "노래 반 곡이 끝나기도 전에 코를 골아서 처음엔 장난치는 줄 알았노라"고 했다. 고맙게도 코고는 소리까지 친절하게 따라 해주며 말이다. 그때 나는 하루하루를 공진단으로 버텼다.

다시 공진단 이야기로 돌아와서 만약 이때 90만 원짜리 공진단 세트를 팔고 싶다고 한다면 고객에게 어떻게 말해보겠는가?

"고객님, 이거 드시면 눈이 번쩍 떠져요. 이 약은 어디어디에 좋고요, 어디어디에도 좋아요."

대부분 이렇듯 무언가를 자꾸 설명하려 들기 마련이다. 그러지 말고 거꾸로 고객에게 물어봐야 한다.

"뭐 하나 여쭤볼게요. 분명히 공진단이 이러이러한 효능이 있는데 그것을 사람들에게 잘 어필하지 못하고 있어요. 고객님이라면 뭐라고 얘기하면서 추천하시겠어요?"

고객을 나를 대신하는 협상가로 만들어라. 질문을 하면 고객이 스스로 답을 하면서 납득을 할 것이다. 스스로 좋은 것이라고 판단하게 되는 것이다.

☑ 한 줄 POINT

인생에서 무언가 이루고 싶다면,

기억하라, 주도권은 언제나 질문자에게 있다!

"팩트만
가지고 와"

어떤 회사가 대형마트 안에서 음식을 팔고 있었다. 그 매장은
하루에 2,000만 원씩 매출을 내는 곳이었다. 그러던 어느 날 직원이
황급히 올라와 상사에게 "큰일 났습니다. 우리가 마트에서 쫓겨날 것
같습니다"라는 보고를 했다. 긴급회의가 열리고 그 보고가 회사의 회
장님한테까지 전달되었다.

식견이 있으셨던 회장님은 "팩트만 가지고 와! 왜 그 얘기가 나왔
는지"라고 지시했다. 직원들이 하나씩 이유를 찾다 보니, 마트 직원
들이 보름 동안 눈도 마주치지 않고 인사도 받지 않은 것이 팩트의
전부였다. 음식 매장이 마트보다 오히려 장사가 잘되니 보이지 않는
약간의 견제와 질투가 그 원인이었다. 하지만 그것이 마트에서 쫓겨
날 이유는 아니었다.

마트 직원들이 인사를 안 받자 '나가라고 하려나 보다'라고 생각한 것이 문제의 시초였다. 실화였던 이 사례는 '인문학에 대한 조예가 깊은' 한 대표님께 들은 이야기이다. 이런 시선들은 어디에나 존재한다.

예를 들어 어떤 손님이 아르바이트 직원을 "저기요!"라고 큰소리로 부르면 '저 손님은 왜 화를 내지? 큰일이다. 화났다. 비상이다'라고 해석하지만 실제로 그 손님은 단지 목소리가 컸던 것일 수 있다. 자기 음역대에 따라 판단 기준이 다른 것이다. 같은 목소리라도 듣는 사람에 따라 화내는 것으로 들릴 수도, 평상시의 목소리로 들릴 수도 있는 것이다. 사람들은 저마다 경험치가 다르고, 관점이 다르고, 스트레스로 받아들이는 정도가 다르고, 해석이 다 다를 뿐이다.

위의 스토리에서 팩트는 단 한 가지뿐이었다. 마트 직원이 인사를 안 받는다는 것 말이다. 거기에 자신의 주관이 더해져 큰일이 되어버린 것이다. 이때 필요한 것은 이어지는 생각을 잘라버리거나 나 스스로에게 말을 걸어보는 것이다. '내가 불안해서 그렇구나'라는 식으로 감정을 바라봐주는 것이다.

몇 년 전 심리학 공부에 돈을 많이 들인 한 지인이 내게 말했다.

"마음 다스리는 건 이거 하나면 끝이야. 어떤 안 좋은 생각이 떠오를 때 그 즉시 이렇게 묻는 거야. '이게 생각이야, 사실이야?' 그럼 대부분이 생각일 거야. 그럼 생각을 긍정적인 것으로 바꾸면 돼."

돌이켜보면 생각을 계속 키워서 나를 불행한 사람으로 만드는 것은 그 누구도 아닌 나 자신이다. 놀랍게도 그렇게 전개된 모든 것들은 내가 키워낸 '생각' 때문인 것이다. 누군가는 같은 상황이라도 전혀 영향을 받지 않는다.

똑같이 부유하지 못한 집에서 태어나도 훌훌 털고 살아가는 사람이 있는 반면, 그렇지 못한 사람도 있다. 중요한 건 어떤 상황이든 내가 받아들여야 편해지는 것이다. 그렇게 해야 우리 모두는 성장할 수 있다. 어떤 상황으로 인해 부정적인 감정 하나가 들어왔을 때 마인드 컨트롤을 하지 못하면 다음 일의 진행에까지 영향을 미치게 된다. 이런 나의 에너지가 상대방에게까지 영향을 미치게 되면 그 사람이 나와 관계를 친밀하게 맺게 되겠는가? 혹은 나와 제대로 된 일을 할 수 있겠는가? 마음이 조급할수록, 여유롭지 못할수록 그에 따른 부작용이 생길 가능성이 크다.

만약 당신에게도 이런 부정적인 생각들이 한 번씩 떠오른다면 나에게 묘책이 한 가지 있다. '주하효과'를 간접적으로 느끼고 있는 독자라면 이것 하나만 분명하게 기억해주면 좋겠다.

'지금 방금 내가 떠올린 건 생각일까, 사실일까?'

이것 하나만 자신한테 물어봐도 스스로 마인드 컨트롤을 할 수 있다. '또 내가 어두운 쪽으로 빠질 뻔했네. 내가 진정으로 바라는 것은 무엇이지?'라고 묻고, 내가 되었으면 하는 모습을 떠올리며 상상하라. 왜냐하면 어두운 생각을 해봤자 나에게 도움도 안 되고, 부유한 집안에서 태어나지 못한 것을 원망해도 부모님을 바꿀 수도 없고, 내게 주어진 상황이 바뀌는 것도 아니니까! 차라리 그럴 바에는 긍정적인 쪽으로 시선을 돌리는 게 나를 위한 최고의 길이다. 그러면 나의 기분과 미래가 한결 더 밝아질 것이다.

☑ 한 줄 POINT

인생에서 무언가 이루고 싶다면,

생각을 걷어내고, 팩트만 정확히 보는 눈을 길러라!

무엇이든 이루어내는 협상의 3가지 원칙

안내서를 읽지 않으면 우리는 어떤 게임도 제대로 할 수가 없다. '부루마블' 같은 게임도 룰을 알지 못하면 할 수 없는 구조로 되어 있다. 다른 사람들과 함께 하는 게임인 경우 방법을 모르면 늘 상대방을 따라서 할 수밖에 없다. 이는 '협상'이라는 게임을 할 때도 마찬가지다. 그렇다면 비즈니스에서 협상을 할 때 성공할 수 있는 일종의 룰에는 어떤 것들이 있을까?

<u>첫째, 장점을 어필하라.</u>

예를 들어 "업종 특성상 사람을 참 많이 만난다"라는 말을 넣어 경험이 많다는 것을 어필하면 도움이 된다.

협상가로서 나는 자신의 능력을 잘 어필하지 못하는 사람들에게 도움을 주게 되는 경우가 종종 있다. 경력이 10년차인 한 분은 자신의 장점을 잘 어필하지 못하고 있었다. 그래서 그분에게 다음과 같은 식으로 말해볼 것을 권했다.

"제 업종의 특성상 재테크에 관심 있는 분들을 많이 만나곤 합니다. 일반 직장인부터 치과의사까지 다양합니다. 그리고 얼마 전 한 의사선생님에게 이런 이야기를 들었습니다. '벌써 6년째 배승찬 씨와 재테크를 하고 있는데 문득 이런 생각이 들더구먼. 워런 버핏은 만나본 적 없지만 배런 버핏은 잘 만난 것 같단 말이야'라고요."

만약 누군가 당신에게 이런 이야기를 한다면 상대방이 어떻게 보겠는가? 나는 내가 실제 들은 이야기를 근거로 그와 같은 말을 해보라고 일러준 것이었다. 그 후 실적이 좋아진 그는 회사에서 인정을 받은 것은 물론이거니와 회사에서 포상 휴가를 보내줘 공짜로 해외여행도 다녀왔다. 이렇듯 협상의 게임에는 일정 수준의 룰이 있다. 스스로를 어필할 수 있는 부분을 체크해보고, 좀 더 전문가로 비춰지도록 노력하는 자세가 필요하다.

둘째, 비교를 활용하라.

어느 날 체형교정 속옷을 팔고 있는 분이 걱정스러운 듯 이런 말을 했다.

"사람들이 자꾸 일반 속옷과 비교하면서 비싸다고만 해요. 어떻게 해야 좋을지 모르겠어요."

그 이야기를 듣고 내가 일반 속옷과 달리 체형교정 속옷을 입으면 무엇이 좋아지는지 물었다. 그는 허리디스크 수술을 안 해도 될 정도로 척추에 좋고, 허리디스크 수술을 한 이후에도 교정용으로 많이들 사용하고 있다고 말했다. 이때 내가 한 가지 아이디어를 냈다.

"앞으로 일반 속옷과 비교할 것이 아니라 허리 통증을 없애는 비용, 즉 허리디스크 수술비용과 비교하면 어떨까요?"

그러자 그는 이렇게 말했다.

"통증이 심해져 디스크 수술을 하는 것보다는 체형교정 속옷을 입는 것이 훨씬 더 싸게 먹히긴 하지요."

사람들은 원래 얼마가 되었든 처음 접하는 것은 다 비싸다고 말한다. 예전에 '천냥마트'가 있었을 때 집에 알람시계가 필요해서 잠깐 들어갔었다. 그랬는데 시계가 무려 3,000원인 것이었다. 그때 내 머릿속에 든 생각이 무엇이었는지 아는가? '우와, 비싸다!'였다. 지금 와서 생각해보면 시계 하나에 3,000원이면 저렴한 것이다. 다만 나는 마음속으로 마트 이름 '천냥'과 비교를 하고 있었던 것이다. 가격을 비교할 때에는 상대가 미리 가격을 생각해보게 하는 것 또한 방법이다.

셋째, 상상하게 하라.

가령 아직 결혼 이야기가 오가지 않는 남녀가 있다고 하자. 남자는 여자와 결혼하고 싶어하지만 직접적으로 결혼 이야기를 하면 만난 지 얼마 되지 않았기 때문에 여자 쪽에서 부담을 느낄 수 있는 상황이다. 이럴 경우 다음과 같은 식으로 이야기를 던져보는 것이 좋다.

"우리 만약에, 이 다음에 신혼여행을 가게 되면 넌 유럽 쪽이 좋아,
아니면 동남아 쪽이 좋아?"
 그럼 상대방은 만약이라는 단서가 붙었기 때문에 편안하게 상상
하면서도 묘하게 결혼을 상상하게 될 것이다.

 방망이를 세 번 휘두르면 아웃이 되는 야구 규칙을 모르는 사람이
타자석에 서면 정말 낭패다. 공이 날아오면 어떻게든 맞춰보려고 무
조건 방망이를 휘두를 것이기 때문이다. 돈을 벌고 협상을 이끌어낼
때에도 마찬가지다. 역시 규칙을 이해하는 것이 매우 중요하다.
 돈을 벌겠다며 열심히 일만 하고, 저축만 하는 것은 부의 축적 룰
을 잘 모르는 것이라고 할 수 있다. 그런 방법으로는 돈이 쉽게 모이
지 않는다. 과거에는 저축만 열심히 하면 돈을 모을 수 있었지만 요
즘은 달라졌다. 과거의 자산을 불리는 방법에 얽매여 있다면 돈을 모
으기 힘들 것이다. 오늘날의 부는 협상을 통해 만들어진다. 크고 작
은 협상을 성공적으로 만들어가다 보면 부가 자신의 주머니에 채워
지는 모습을 보게 될 것이다.

☑ 한 줄 POINT
인생에서 무언가 이루고 싶다면,
협상의 원리를 이해하고 부의 길로 가라!

'대통령들의 악수법', 그 은밀한 밀고 당기기

TV를 통해 각 나라의 '대통령들이 악수하는 모습'을 가만히 관찰해보면 한쪽 손을 상대방보다 살짝 더 위쪽으로 포개려는 모습을 볼 수 있다. 그들은 왜 그런 제스처를 취하는 것일까? 겉으로 보기에는 친근함을 표현하는 것 같으나, 실은 '나보다 조금 더 위에서 리드하는구나'라는 느낌을 상대에게 주고 싶어 하는 것이다.

더불어 대통령끼리 사진을 찍는 경우 선진국일수록 손이 더 위로 올라가는 모습을 볼 수 있다. 예를 들어 어깨동무를 하는 듯 어깨를 살짝 포개는 것이 바로 그것이다. 표정은 웃고 있으나 서로 역할을 정하는 줄다리기를 하는 것이다. 사소해 보이는 악수 동작에도 좀 더 우위를 점하려는 노력이 들어가게 되는 셈이다.

심리적 우위를 선점하기 위해서는 협상 자리에서 의자를 사용하는 문제에 있어서도 신중을 기해야 한다. 예를 들면 커피숍에서 만나는 경우 흔히 이런 말을 한다.

"우리 어디에 앉을까요?"

이때 출입문이 보이는 곳에는 상대를 앉히지 않는 것이 좋다. 사람들이 드나드는 모습이 보이면 주의가 분산될 수 있기 때문이다. 상대가 벽을 보게끔 자리를 잡는다면 우리가 하는 말에 보다 쉽게 집중하게 될 것이다. 그리고 정면으로 마주 보고 앉기보다는 90도 옆이나 약간 대각선으로 앉는 것이 좋다. 마주 보고 앉는 것은 무의식적으로 적대감을 갖게 만들 수 있다.

일반적으로 협상을 하는 자리에서 마주 보고 앉게 되면 눈을 마주하고 있기가 조금은 어색하고 불안정할 수 있다. 시선을 조금 옆으로 두는 것이 심리적으로 안정감을 주면서 어색함을 줄일 수 있는 방법이다. 그리고 그것은 묘하게 상대방이 나와 같은 곳을 보는 한편이라는 심리를 유발한다.

강아지 두 마리가 눈을 마주쳤을 때 둘 다 피하지 않으면 싸움이 일어나지만, 누군가 눈을 피하는 경우에는 서열이 정해진다고 한다. 강아지뿐만 아니라 사람도 포유류라서 마찬가지라고 말하는 사람들도 있다.

만약 길을 걷다가 누군가와 눈이 마주쳤다고 하자. 그때 눈을 피하지 않고 계속 쳐다보면 "왜 쳐다보세요?"라는 반응이 나올 것이다. 하지만 눈을 마주치면서 미소를 짓는다면 반응은 다를 것이다. 또 눈을 마주치지 않고 피한다면 자신이 없다는 인상을 주게 될 것이다. 협상에 있어서도 눈을 피한다면 "아, 이 사람은 자신이 없구나. 이 사람과 거래를 해도 왠지 신뢰가 가지 않을 것 같다"라고 생각하기 쉽다. 이것이 문제다. 단지 눈을 피했을 뿐인데 그런 생각을 하게 되는 것이다.

이것은 마치 엄마가 자녀에게 "숙제했니?"라고 물어봤을 때 아이가 "다 했어요"라고 대답하면서 눈을 피하면 엄마는 무언가 이상한 낌새를 채는 것과 같다. 자신감이 없으면 눈을 피한다는 것을 배우지 않았어도 우리는 잘 알고 있다. 노련한 엄마들일수록 특히 아이들에게서 이런 것들을 더 잘 알아차린다.

<u>사람의 뇌는 참 단순한 것 같다. 판매자가 자신 없어 보이면 그의 상품도 별 볼일 없을 것으로 믿게 되니까 말이다.</u> 자신이 이런 생각을 갖고 있다는 것조차 모르는 경우가 참 많다. 다만 왠지 모르게 신뢰가 가지 않는다고 느끼는 것이다.

이렇게 배우지 않았으나, 무의식적으로 알아차리는 것들이 의외로 많다. 내가 아는 어떤 사람은 말하면서 계속 다리를 문지르는 습관을 갖고 있다. 그분은 보험영업을 15년 이상 했는데 고객을 만나면서 계속 그런 행동을 했던 것이다. 그분을 보고 고객은 '초조한가?'라

는 생각을 할 것이다.

고객이 우리를 보고 '초조한가?', 혹은 '자신이 없나?'라는 생각을 하게 된다면 그 어떤 협상에서도 성공할 수가 없다. 우리가 아무리 공부를 많이 하고 그 분야의 전문가라고 한들 고객이 볼 때 그렇게 느껴지지 않으면 무용지물인 것이다. 협상에 있어 감정적으로나 암묵적으로 우위를 점할 수 있다면 달콤한 승리를 맛보게 된다.

또 다른 예로, '왠지 저 둘이 사귈 것 같아'라는 낌새를 차린 적이 있지 않은가? 그 둘의 심리적 거리뿐만 아니라 신체적 거리도 가까워 보이기 때문일 것이다. 그런데 서로 호감이 있는 상태라면 상관없겠지만, 만약 한쪽이 아직 마음이 없다면 다가오는 상대를 어떻게 생각하게 될까? 심리적으로 밀어내게 될 것이다. 이와 똑같은 상황이 협상 자리에서도 마찬가지로 연출된다.

거래를 앞두고 무의식적으로 몸이 상대에게 다가가는 경우가 있는데, 이런 경우 얼른 사인하라는 분위기를 풍기며 고압적이거나 재촉하는 듯한 인상을 주게 된다. 그러면 상대는 압박감을 받으며 재촉하는 상대가 왠지 조급하게 느껴질 것이다.

'이 사람 좀 급한가? 조금만 더 생각해볼까?'

그러므로 상대가 고민하는 것 같을 때에는 바짝 다가가 앉기보다는 오히려 조금 뒤로 빠지는 것이 좋다. 호감이 있는 사람에게 몸이

다가가게 되기는 하지만 너무 다가가면 거꾸로 도망가고 싶어진다.

마음속으로는 조급할지라도 조금은 여유 있는 모습을 보일 필요가 있다. 그리고 그런 여유 있는 모습은 상대에게 심리적 안정감을 주어 더 나은 협상을 가능하게 한다.

겉으로 드러나지는 않지만 우리는 늘 심리적 싸움을 하면서 살아간다. 그리고 심리적으로 우위를 선점할 때 우리는 만족할 만한 성과들을 거두게 된다.

협상에서 내가 리드를 하느냐, 리드를 당하느냐의 문제는 굉장히 중요하다. 상대를 내가 원하는 방향대로 움직일 수 있는 힘은 외부에 있지 않다. 우리 모두 그 힘을 가지고 있다. 우리 스스로가 그 힘을 길러내주기만 하면 될 뿐이다.

☑ **한 줄 POINT**

인생에서 무언가 이루고 싶다면,
자신감을 내비쳐라.
내가 자신감에 차 있더라도 표현하지 못하면 아무 소용없다!

단추는 적게 풀수록 섹시하다

한번은 머리를 다듬으러 미용실에 갔더니 원장님이 내 옆머리 부근의 숱이 살짝 적어 보인다면서 두피프로그램을 권했다. 평소 고민하던 부분을 짚어주니까 무언가 방법이 있다면 개선해보고 싶은 마음이 들었다.

"그 프로그램은 뭘 하는 건데요?"

"아, 그거요. 샴푸법을 알려드리는 거예요."

"샴푸법이 뭔데요?"

"두피에 지문을 딱 붙여서 비는 공간 없이 샴푸를 하면 머리가 진짜 자라요."

"샴푸는 아무거나 써도 돼요?"

"네, 상관없어요."

나는 그날 그렇게 미용실을 빠져나왔다. 만약 미용실 원장님이 나에게 방법을 알려주지 않았더라면 나는 그날 그 미용실에서 두피프로그램을 결제했을 것이다.

누군가의 살을 10개월 동안 30킬로그램 가까이 빼준 수강생이 있었다. 나는 그녀의 자기소개 멘트를 다음과 같이 만들어주었다.

"혹시 이런 생각들 안 해보셨나요? '죽기 전엔 다이어트를 꼭 한 번 성공해봐야 할 텐데'라는 생각이요. 시간이 물론 10개월 정도 걸리기는 했지만 다른 사람의 살을 30킬로그램 빼준 여성분이 있다고 합니다. 이 사람에게 노하우가 있을까요? 궁금하지 않으세요? 그리고 그 사람은 어떤 사람일까요? 만나서 반갑습니다. 적게는 8킬로그램부터 30킬로그램까지 수많은 다이어트 성공사례를 갖고 있는 이남희(가명) 여러분에게 인사드립니다."

실제 그분은 본인의 이름을 따서 '이남희식 프로그램'을 만들었다. 작성된 글대로 자기소개를 하자 사람들이 궁금증을 쏟아냈다.

"대체 어떻게 하면 30킬로그램을 뺄 수 있는 거예요?"

"아, 제 프로그램이 있어요. 들어오시면 하나씩 하나씩 짚어드릴 수 있어요. 그런데 지금도 예쁜데 왜요? 왜 빼고 싶으세요?"

이렇게 대응했다면 성공했을 것이다. 그런데 아쉽게도 그 프로그램을 한번 듣고 싶었던 분에게 "아, 그거요. 일단 저희 제품을 먹는 거고요, 제품을 먹으면서 하루에 물 2리터씩 먹으면 돼요. 그런데 물을 2리터를 매일 아침 눈 뜨자마자 먹어야 돼요"라고 대답을 해버려서 궁금증이 사라졌다고 한 분이 말씀해주었다.

'아침에 눈을 뜨자마자 물을 2리터씩 마시는 거구나. 그건 나 혼자 먹으면 되지.'

본인의 노하우가 어디 그것뿐이겠는가? 실제로 더 많은 노하우들이 있었음에도 말 한마디로 인해 다른 장점들은 어필되지 못했다. 자신의 노하우를 스스로 아무렇지 않게 만들어버리면 정말 아무것도 아닌 게 되는 것이다.

그러니 좀 더 값어치 있게 전달하기를 바란다. 당신에게 숙련된 노하우가 있다면 그것의 가치를 스스로 높이 평가하라. 그러면 상대방도 그것을 그대로 느낄 것이다.

☑ **한 줄 POINT**

인생에서 무언가 이루고 싶다면,

시간을 두고 천천히 알려줘라. 성급히 알려주면 체한다!

할인이
아니어도 좋다

판매를 하다 보면 깎아달라는 고객을 만나는 경우도 부지기수다. 이런 고객을 다루는 몇 가지 원칙이 있다.

고객은 기본적으로 무언가를 얻어내기를 원한다. 그것이 꼭 가격을 깎는 것이 아니어도 상관없다. 고객은 밑지고 싶지 않은 것뿐이기 때문에 무엇이든 얻어냈다는 사실 자체로 쾌재를 부른다. 가령 이런 식이다.

고객이 "깎아주세요"라고 말할 때를 대비해 옷가게 같은 경우 미리 가격을 높게 책정해둔다고 한다. 할인을 미리 염두에 두는 것이다. 정직한 방법이 아니라 그렇긴 하지만 실제로 이런 일들이 많이 있다. 그리고 그것은 옷가게 주인 입장에서 보면 이해가 되기도 한다. 왜냐하면 늘 가격이 깎이다 보면 마진이 남지 않기 때문이다.

또 다른 방법으로 "저희는 가격 흥정이 안 되는데요, 대신 이것을 드릴게요"라는 식으로 말하는 방법도 있다. 만약 '마진에서 조금 깎아줄까' 하는 생각에 가격을 바로 깎아주는 경우 너무 흔쾌히 깎아주었기 때문에 조금 더 요구하게 되고, 계속 깎아주다 보면 마진이 거의 안 남는 경우도 생긴다. 그렇게 되면 서로에게 좋은 협상이라고 볼 수 없다.

자동차 영업 상황에서 이런 모습을 자주 볼 수 있다.

"되팔 때 돈을 더 받아줄 테니까 대신 깎지 마세요."

자동차 판매원은 현찰로 깎아주기보다는 제값을 받고, 대신 나중에 중고차로 되팔 때 더 비싸게 팔아주겠다고 제안하는 것이다. 사람들이 무언가를 얻어내기 좋아하는 심리를 이용하는 것이다.

판매가격을 이야기했는데 고객이 아무 말도 안 하면 보통 지레짐작으로 '비싸다고 생각하는가 보다'고 생각해 고객에게 자꾸 무언가를 제시하는데 조바심을 갖지 말고 기다려보자. 고객이 무언가 생각하는 중일 수도 있기 때문이다. 카드 할부를 얼마로 할지, 구매하고 나서 배우자에게 뭐라고 할지 등을 생각할 수도 있다. 오히려 "편하게 보시고 궁금한 점 있으면 말씀해주세요"라고 여유 있게 말하면서 좀 떨어져라. 이것이야말로 협상 결과를 잘 도출해내는 방법 중 하나다. 핵심은 가격으로 깎아주지 못할 경우 다른 것으로도 얼마든지 협상이 가능하다는 것이다.

진짜 이유를
파악해야 살아남는다

한 남자가 백화점 주얼리 코너에서 목걸이를 골랐다. 그는 점원에게 포장은 안 해줘도 괜찮으니 신속하게 계산해달라고 말했다. 하지만 점원은 굳이 포장을 해주겠다며 시간을 지체했다.

사실 이 목걸이는 부인이 아닌 애인한테 줄 선물이었다. 부인이 쇼핑을 하러 잠시 자리를 비운 사이 애인의 선물을 사려고 한 것이다. 남자 입장에서는 몰래 사야 하니 부인이 돌아오기 전에 빠르게 계산하는 게 목표였다.

결국 배려심 많은 점원 덕분에 부인이 돌아올 시간이 되어 남자는 목걸이 사는 것을 포기할 수밖에 없었다. 이는 영화 〈러브 액츄얼리 Love Actually〉에 나오는 한 장면이다. 여기서 점원은 고객을 위해 최고의 서비스를 제공하고자 노력했다. 하지만 남자 입장에서는 시간이

촉박해 답답하기만 한 상황이었다.

우리는 흔히 상대방을 배려하기 위해 최선을 다하려 한다. 다만 상대방의 입장을 고려하지 않고 자신의 기준에서만 최선을 다하는 태도는 독이 되기도 한다. 우리는 협상을 할 때 내가 주고 싶은 것이 아닌 상대방이 받고 싶은 것에 집중할 필요가 있다.

내가 살던 고향에 장사가 잘 안 되는 화장품 가게가 있었다. 가게 주인은 고민 끝에 '점포 정리'라는 현수막을 내걸었다. 그런데 그것을 본 사람들이 싸다는 생각에 많이 몰려서 장사가 잘되다 보니 때 아닌 호황을 누리게 되었다. 재미있던 건 그 후 1년이 지나도록 점포 정리가 진행되었다는 사실이다. <u>1년 넘게 점포 정리라고 할 수 없어서 그 뒤로는 '인터넷보다 70% 싼 집'이라는 현수막을 걸어 꾸준히 장사를 잘 이어나갔던 기억이 있다.</u>

장사가 잘 되지 않았던 이유는 그 지역 손님들의 입장이 고려되지 않았기 때문이었다. 적어도 이 가게에 오는 사람들은 가격이 저렴해 보이는 것을 원했던 것이다.

이번엔 백화점에서 화장품을 샀다가 반품을 요구하는 상황이다. 고객이 반품을 요청하면 점원들은 대개 '내가 무슨 실수를 했나?', '아, 힘들게 설명했었는데…', 이런 생각이 든다고 한다. 그러고선 어두운 표정으로 반품 절차를 진행한다.

진정한 '협상러'라면 나의 입장에서 반품을 생각하기 전에 어떤 것 때문에 반품하겠다는 것인지 상대의 속마음을 들여다봐주는 것이 중요하다. 사람들이 처음에 꺼내는 말들은 대개 핑계인 경우가 많다. 알고 보면 진짜로 염려하는 이유는 따로 있다. 정말 나의 태도가 문제였는지, 갑자기 정해진 약속에 화장품이 짐스러워서 그러는지, 지나가다 더 끌리는 다른 제품을 봐서 그런지, 상대와 이야기를 하면서 그 진짜 염려를 짚어내는 것이 중요하다.

속마음을 파악하고 진짜 이유를 하나씩 하나씩 풀어주다 보면 협상이 진척을 보일 것이다. 그 사람의 요구보다는 '욕구', 즉 내면에서 진정으로 원하는 것에 집중해야 한다.

✔ **한 줄 POINT**

인생에서 무언가 이루고 싶다면,

성급한 판단을 잠시 내려놓고 상대의 마음을 정확히 파악하라!

우리가 단숨에
행복해지는 방법

사람들은 어떤 경우에 가장 행복을 느낄까? 행복지수가 굉장히 높은 나라인 덴마크에서는 저녁마다 조명을 은은하게 켜놓고 사랑하는 사람들과 잔잔한 음악을 틀고 먹을 것도 먹으면서 함께 지내기 때문에 행복지수가 높다고 한다.

한동안 일에 치여 주변을 돌볼 여력이 없다고 생각했던 나는 어느 날 내가 이렇게 바쁘게 살고 있는 이유가 뭘까를 진지하게 고민해봤다. 그건 결국 내 주변 사람들과 베 풀고 나누며 즐기기 위함이 아닐까 생각한 이후로, 나는 '프렌즈데이'를 만들었다. 내가 좋아하는 친구들과 한두 시간씩 전화통화를 하며 그날만큼은 친구들을 위해 시간을 활용하는 것이다.

최인철 교수님은 강의에서 이런 말씀을 하셨다.

"돈이 어느 정도 행복에 도움을 주기는 하지만 어느 선을 넘어서게 되면 타락하게 된다. 그럼 무엇이 행복감을 주느냐면, 사람들과의 관계에서 행복이 온다."

만약 행복해지고 싶다면 지금 곁에 있는 사람들에게 잘해야 한다. 원래 받는 사람보다 주는 사람이 더 행복하다는 말처럼 만 원을 나에게 쓰는 것보다 다른 사람을 위해 사용하고 나면 놀랍게도 나의 행복도가 올라간다. 그래서 나는 내가 좋아하는 사람들 챙기기를 좋아한다. 거창한 게 아니다. 영화를 보고 나서 괜찮았다면 표를 끊어주든, 자연을 보다가 친구가 떠오를 때 찍어서 보내주든, 아프다고 하면 죽을 들고 집 앞에 찾아가주든, 이런 일상적인 것들이다. 해보면 알겠지만 신기하게도 준비하는 사람이 더 행복해진다.

오늘도 사실 행복한 일이 있었다. 절친이 임신 중인데 제주 서귀포시에 파는 '오는정 김밥'이 먹고 싶다는 것이었다. 나는 서울에 살고 있으니 사다 줄 수는 없겠고, 전화를 끊자마자 퀵서비스로 배달이 가능한지 물었다. 그렇게 서프라이즈로 김밥과 꽃을 보냈더니 친구가 너무도 기뻐했다. 그리고 사실 나는 더 행복해졌다. 아마도 이런 게 행복 아닐까?

지금 이 순간, 머릿속에 소중한 친구를 떠올려보고 바로 문자 한 통 넣어보면 어떨까? 시간이 된다면 오랜만에 손 편지를 쓰는 것도 좋은 방법이 될 것이다.

✅ **한 줄 POINT**

인생에서 무언가 이루고 싶다면,

관계를 중요시하라. 시작도 끝도 결국 관계가 중요하다!

성공한 당신,
이제는 더 행복해질 차례다

성공하기만 하면 과연 행복해지는 것일까? 성공한 사람들을 연구하다가 그들의 성공 비결은 지극히 작다고 생각할 수 있는 것들에 행복을 쉽게 느끼고, 매사에 긍정적인 태도를 유지한다는 것을 알게 되었다. 소위 말하는 '일상의 행복' 말이다.

감사함을 잊지 않는 것 역시 그들의 특징이었다. 누군가에게 대접받는 것을 당연시 여기는 순간, 불만족스러운 일들이 훨씬 많아진다는 이야기를 들은 적 있다. 대접을 자꾸 받다 보면 그것에 익숙해지고, 어느 순간 대접하지 않는 사람들을 보면 마음이 상하게 된다는 것이다. 그 말을 들은 이후부터 나는 고집이 하나 생겼다. 웬만한 일은 내가 직접 하려고 노력하고 있는 것이 바로 그것이다.

왜 부자는 부를 물려주고, 가난한 사람은 가난을 물려줄까? 나는 어릴 때부터 돈을 벌기가 진짜 어렵다는 이야기를 들었고, 그래서 돈을 아껴 쓰고 모아야 한다는 이야기도 들었다. 그런데 내가 본 어떤 부자 언니는 자녀와 대화할 때 이렇게 말을 했다.

"준이야, 세상에 돈을 벌 수 있는 방법이 얼마나 많은 줄 알아? 넌 어떻게 돈을 벌고 싶어?"

그럼 아이가 자신의 아이디어를 막 이야기한다. 그러면 또 "엄마는 이런 식으로 돈을 벌 수 있을 것 같아"라는 식으로 대화가 이어진다. 가난한 집과 부잣집은 대화 자체가 다르다는 것을 알 수 있었다. 출발 자체가 다르다는 것은 단지 가진 재산이 다른 것뿐만 아니라 근본적으로 생각 자체를 다르게 물려준다는 점에서도 다르다. "돈 벌기가 얼마나 어려운지 아니?"라는 이야기만 듣게 되면 생각이 제한될 수도 있다.

우리가 현재 어떻게 생각하고 어떻게 사고하느냐는 곧 우리의 미래를 만들어내는 바탕이 된다.

능력 있는 협상가로서 자신의 역량을 발휘하는 것은 이제 우리에게 달려 있다. 그리고 협상러로서의 재능을 어떻게 드러내느냐에 따라 성취 및 행복의 무게가 달라질 것이다. 성공을 했다면 이제는 그 행복을 다른 사람과 나눌 차례. 그럴수록 당신의 부와 풍요 역시 그 나눔에 의해 더욱 확장될 것이다. 더불어 나도 살짝 어필을 해보자면 이 책의 내용 중에 도움이 되는 부분이 있었다면 내가 아끼는 주변 지인들에게 이 책을 선물해보면 어떨까? 세상에 분명히 존재하고 있는 그 법칙들을 안다면 세상을 바라보는 폭이 훨씬 더 넓어질 테니 말이다.

사실 이 책을 쓰며 수위 조절을 어떻게 해야 할지 고민을 많이 했다. 왜냐하면 흔히 말하는 테이블 조작이라든가, 그런 것들을 색안경을 끼고 바라보는 분도 있지 않을까 해서 말이다. 그러나 나는 알고 쓰는 것도, 혹은 쓰지 않는 것도 우리의 선택이지만 '아는 것은 힘'이라는 키워드에 집중해 일정 부분을 공유했다. 공부를 많이 했거나 파워가 있는 사람들은 이미 쓰고 있는 것들일 수도 있기 때문이다. 볼 줄 아는 눈을 길러야 한다. 그렇다면 당신의 인생에서 원하는 것을 반드시 이루어낼 거라고 확신한다!

나의 친구 당신을 응원하며
김주하